Georg Innerhofer

SIRUP UND NEKTAR

aus Früchten, Kräutern, Blüten

Leopold Stocker Verlag
Graz – Stuttgart

Umschlagbild: Günter Hauer, Graz
Umschlaggestaltung: Anita Schöberl, Graz

Fotos im Textteil: Ing. Ulrich Zeni (1); Indianernessel, Silvia Heinrich www.kraeuterei.de; alle anderen Bilder wurden freundlicherweise vom Autor beigestellt.

Bibliografische Informationen der Deutschen Bibliothek
Die Deutsche Bibliothek verzeichnet diese Publikation in der Deutschen Nationalbibliografie; detaillierte bibliografische Daten sind im Internet über http://dnb.ddb.de abrufbar.

Der Inhalt des Buches wurde vom Autor und Verlag nach bestem Wissen überprüft; eine Garantie kann jedoch nicht übernommen werden. Die juristische Haftung ist daher ausgeschlossen.

Hinweis:
Dieses Buch wurde auf chlorfrei gebleichtem Papier gedruckt.
Die zum Schutz vor Verschmutzung verwendete Einschweißfolie ist aus Polyethylen chlor- und schwefelfrei hergestellt. Diese umweltfreundliche Folie verhält sich grundwasserneutral, ist völlig recyclingfähig und verbrennt in Müllverbrennungsanlagen völlig ungiftig.

ISBN 3-7020-1082-3

Layout: MG Grafik+Design, Michaela Kolb & Partner, Graz
Gesamtherstellung: Gorenjski tisk, Kranj – Slowenien

Inhaltsverzeichnis

Vorwort

In diesem Buch habe ich versucht, die Herstellung dieser Getränke sowohl für den Single-Haushalt wie auch für Produzenten größerer Mengen möglichst praxisnahe zu beschreiben, die Hintergründe mancher Verfahrensschritte zu erläutern, Ursachen für Veränderungen im fertigen Produkt in Worte zu fassen und nicht zuletzt mit Hilfe der Rezepte die Basis für Ihren zukünftig selbst erzeugten Sirup und Nektar zu legen. Wer Sirup und Nektar vermarktet, soll auch die rechtlichen Grundlagen für Nektar und Sirup finden können. Sie stellen wahrscheinlich den „trockenen" Teil in dem sonst so „saftigen" Buch dar.
Sirup und Nektar, beides sind geschmacksintensive Getränke, die man selbst ohne großen Aufwand herstellen kann. Unsere unmittelbare Umgebung beherbergt viele Pflanzen, Früchte, Blüten oder Blätter mit intensiven Geruchs- und Geschmacksstoffen. Unsere Obst- und Kräutergärten liefern hervorragende Grundstoffe für die Bereitung von schmackhaften Getränken. Es liegt an uns, diese Ressourcen zu nutzen und hochwertige Produkte daraus herzustellen.

Fast jeder von uns kennt Holunderblütensirup oder Marillennektar. Viele haben schon einmal Himbeersirup und Pfirsichnektar gekostet. Aber wer kennt schon Birnennektar, Indianernessel- oder gar Zitronenverbenensirup?

Die angeführten Rezepte beinhalten schon oft erprobte Klassiker und einige noch wenig bekannte Rezepturen. Die Bandbreite an Möglichkeiten ist riesengroß. In den Produkten kann man die geschmackliche Vielfalt der Natur aufbewahren und konservieren. Selbst hergestellter Sirup oder Nektar eignet sich hervorragend als Basis für Getränke oder Cocktails, für die Zubereitung und geschmackliche Abrundung von Desserts und natürlich für vieles andere mehr. Dieses Buch soll eine Einstiegshilfe für zukünftige und ein Nachschlagewerk bzw. ein Ratgeber für erfahrene „Saftler" sein. Beim Durchlesen, Ausprobieren der Rezepte und vor allem beim Verkosten beziehungsweise Trinken der selbst hergestellten Produkte wünsche ich Ihnen viel Freude, Spaß und Genuss.

Georg Innerhofer

Einleitung

Trinken ist in, ein Satz, der nicht falsch verstanden werden sollte. Damit unser Organismus so richtig gut funktionieren kann, benötigt er ausreichend Flüssigkeit. Die Tagesempfehlungen variieren zwischen 1,5 l und 2,5 l oder manchmal sogar noch mehr. Reines Wasser ist für viele dann doch etwas zu neutral, sie wünschen sich etwas Feines, Fruchtiges, fernab von künstlichen Aroma- und Farbstoffen. Besonders Kinder erfreuen sich an farbkräftigen und aromatischen Getränken.

Selbst gemachte Getränke sollen sein:

- leicht herzustellen
- praktisch verpackt
- farbenfroh
- aromatisch
- lange haltbar

Diese Anforderungen erfüllen selbst gemachter Nektar und selbst gemachter Sirup, die sich auch hervorragend als Mitbringsel eignen. Eine Definition von Sirup und Nektar findet sich auf den folgenden Seiten unter den Begriffsbestimmungen.

Nektar: nicht alle Obstarten können zu wohlschmeckenden Säften verarbeitet werden. Ihre Säfte würden uns pur gar nicht schmecken. Diese sind entweder zu süß, zu sauer oder gar zu intensiv. Man verarbeitet sie daher zu „Nektar" weiter. Der Zuckergehalt im Nektar und die persönlichen Vorlieben entscheiden über das Verdünnungsverhältnis vor dem Trinken.

Sirup lässt sich aus vielen Blüten, Kräutern und allen Obstarten herstellen, aus denen man Saft gewinnen kann. In den letzten Jahren hat der Sirupmarkt wieder stark an Bedeutung zugenommen. Wir Konsumenten bemerken wieder verstärkt, wie unglaublich praktisch es ist, etwas Sirup in Sekundenschnelle in ein schmackhaftes Getränk zu verwandeln. Wir haben festgestellt, welche Bandbreite an Aromen sich aus Früchten oder Kräutern bzw. Blüten entfalten kann. Wer mit offenen Augen seine Umgebung betrachtet, wird merken, wie leicht es ist, die benötigten Ausgangsstoffe im Garten oder in der näheren Umgebung zu finden.

Säfte zum Verdünnen galten auf Grund des hohen Zuckergehaltes viele Jahre als verpönt. Sie finden in vielen Rezeptsammlungen und Kochbüchern kaum Erwähnung, obwohl sie in sehr vielen Küchen und Vorratskästen mittlerweile wieder ihren fixen Platz gefunden haben. Sirup wird in jedem Fall vor dem Genuss mit Leitungswasser sowie stillem oder kohlensäurehaltigem Wasser verdünnt, Nektar dagegen häufig auch pur getrunken.

Nektar und Sirup werden meistens verdünnt getrunken, zum Süßen verwendet oder pur als Hausmittel eingenommen. Nur wenn Zucker und Säure im fertigen Getränk – egal ob verdünnt oder nicht – in einem ausgewogenen Verhältnis zueinander stehen, empfinden wir es als harmonisch.

Für unseren Gaumen sind Säfte dann harmonisch, wenn Zucker und Säuregehalt in einem bestimmten Verhältnis zueinander stehen. Deshalb wirkt ein Getränk mit wenig Zucker und wenig Säure genauso ausgewogen wie eines mit hohem Zucker- und Säuregehalt.

Himbeeren beispielsweise geben, wie auch Marillen, ihre Säuren erst beim Erhitzen frei. Ungezuckertes Himbeer- oder Marillenmark erscheint uns daher sehr sauer. Erst der Zusatz von Zucker harmonisiert den Geschmack. Umgekehrt ist es bei Birnennektar, diesem verleiht erst ein Schuss Säure die richtige Frische.

Rote Säfte lassen sich gut zu Nektar verarbeiten

Begriffsbestimmungen

Die meisten der im Folgenden angeführten Produktbezeichnungen finden Sie auch in fast allen Geschäften. Um den Überblick zu behalten bzw. Verwechslungen oder falsche Vorstellungen zu vermeiden, sind einige Begriffsbestimmungen notwendig.

Fruchtsaft

Fruchtsaft, das am wenigsten veränderte Produkt in dieser Gruppe, besteht zu 100 Prozent aus „flüssigem Obst“. Ihm wird nichts hinzugefügt, weder Wasser noch Zucker, auch keine Farb- oder Konservierungsstoffe. Lediglich ein Defizit an natürlicher Säure darf durch einen Zitronensäurezusatz unter Deklarationspflicht ausgeglichen werden.

Fruchtnektar

Manche Früchte würden uns als 100-prozentiger Fruchtsaft nicht schmecken, da sie von Natur aus sehr viel Fruchtsäure oder schwer entsaftbares Fruchtfleisch enthalten. Sie werden erst durch das Mischen mit Wasser und Zucker genussfähig. Das gilt z.B. für Schwarze Johannisbeeren, Sauerkirschen, Marillen und Pfirsiche. Die derart gewonnenen Getränke tragen die Bezeichnung „Fruchtnektar“. Nektar kann blank oder fruchtfleischhaltig sein.

Fruchtsaftgetränk

Bei Fruchtsaftgetränken liefern die Früchte meist nur ihren Namen und nur wenig vom Geschmack. Der Mindestfruchtgehalt liegt, abhängig von der Fruchtart, zwischen 6 und 30 %. Daneben enthalten sie Wasser, Fruchtaromen, Zucker, Kohlensäure und eventuell Genusssäuren. Sie zählen neben den kohlensäurehaltigen Limonaden und Brausen zu den Erfrischungsgetränken.

Fruchtsirup

Durch Zuckerzusatz haltbar gemachte Fruchtsäfte oder konzentrierte Fruchtsäfte bezeichnet man als Fruchtsirup. Er enthält mindestens 35 % Fruchtsaft. Geregelt ist auch der Trockensubstanzgehalt, er liegt in Österreich zwischen 55 und 68 %.

Kräutersirup

Kräutersirup wird aus Wasser, Zucker und Kräuter- bzw. Blütenextrakten hergestellt. Er enthält ebenfalls mindestens 55 % Trockensubstanz.

In diesem Ratgeber finden Sie häufig die Begriffe (Gesamt-)Zuckergehalt und Trockensubstanzgehalt. Die Begriffe sind einander von der Bedeutung her sehr ähnlich, geringe Unterschiede bestehen aber:

Gesamtzucker

In unseren Früchten finden wir verschiedene Zuckerarten. Nektar und Sirup werden im Zuge der Herstellung gezuckert. Unter Gesamtzucker versteht man die Summe aller Zucker, die in einem Produkt enthalten sind, unabhängig davon, ob natürlich enthalten oder zugesetzt.

Trockensubstanz

Als Trockensubstanz bezeichnet man alle Inhaltsstoffe einer Substanz, die nach Abdampfen des Wassers noch vorhanden sind. Das sind Gesamtzucker und andere Stoffe. So hat eine Frucht mit 10 % Feststoff- und 90 % Wassergehalt einen Trockensubstanzgehalt von 10 %. Je höher der Gehalt an Trockensubstanz eines Nahrungsmittels ist, desto besser ist es gegen mikrobiellen Verderb geschützt, da alle Formen von Mikroorganismen Wasser für ihre Vermehrung benötigen. Um Sirup auch sicher haltbar zu machen, sind Mindestwerte an Trockensubstanz festgelegt.

Den mit Abstand größten Anteil der Trockensubstanz macht Zucker aus, der Rest setzt sich aus Säuren, Mineralstoffen und einigen anderen Substanzen zusammen. „Gesamtzuckergehalt“ wird daher in süßen Produkten häufig mit „Trockensubstanz“ gleichgesetzt.

Welche Früchte, Kräuter und Blüten sind geeignet?

Es versteht sich von selbst, dass nur durch Verarbeitung sehr guter Ausgangsstoffe ausgezeichnete Verarbeitungsprodukte erzielbar sind. Verwenden Sie daher zur Sirup- und Nektarherstellung nur geeignete Früchte, Kräuter oder Blüten. Eine Aufstellung dieser findet sich im jeweiligen Kapitel.

Folgende Anforderungen an die Rohware sind eher von allgemeiner, aber trotzdem von entscheidender Bedeutung.

Verarbeiten Sie nur gesunde Ausgangsstoffe!

Als gesund bezeichnet man Früchte, die weder Spuren von Fäulnis, Schimmel oder Schädlingsbefall zeigen. Angefaulte, schimmelige oder verletzte Früchte sind für die Verarbeitung nicht mehr geeignet, sie zu verwenden ist grundlegend falsch. Wenn schon die Früchte faulig schmecken, wie soll dann ein Saft daraus anders schmecken? Der einzig geeignete Platz für fauliges Obst ist der Komposthaufen. Auch ein Ausschneiden der Faulstellen bei stark angefaulten Früchten ist zu unterlassen, da die Stoffwechselprodukte der Mikroorganismen bereits die ganze Frucht durchsetzt haben. Kleine Stellen kann man aber schon durch Ausschneiden entfernen.

Kräuter und Blüten sind in dieser Hinsicht nicht so empfindlich und deutlich weniger anfällig für Schädlinge und Fäulnis.

Verarbeiten Sie nur reife Ausgangsstoffe!

Der richtige Reifezustand der Ausgangsstoffe ist wesentlich für Geruch und Geschmack des fertigen Produkts. Um beste geschmackliche Eigenschaften der herzustellenden Getränke zu erzielen, ist es notwendig, vollaromatisches Obst zu verarbeiten. Unreifes oder notreifes Obst mit sehr hohen Säure- und niedrigen Zuckerwerten ist kein geeigneter Rohstoff. Im Zuge der Reife sinkt der Säuregehalt, während der Zuckergehalt ansteigt. Erst bei der Vollreife ist das Fruchtaroma am stärksten ausgeprägt.

Überreifes Obst ist aufgrund seines oftmals zu niedrigen Säuregehaltes ebenfalls für die Verarbeitung nur bedingt geeignet. Es hat seinen geschmacklichen Höhepunkt bereits überschritten und lässt sich nur schwer auspressen und klären.

Auch für Blüten gibt es einen richtigen Erntezeitpunkt. In der abgehenden Blüte lässt das Aroma schon deutlich nach, zu früh geerntete Blüten haben noch erhebliche Aromadefizite. Weniger bedeutend ist das Entwicklungsstadium bei der Verarbeitung von Kräutern. Bei den meisten sind auch schon die kleinen Blätter hocharomatisch.

Verarbeiten Sie nur saubere Ausgangsstoffe!

Auch das gilt für Kräuter und Blüten gleichermaßen wie für Obst. Reinigen Sie zumindest alle Ausgangsstoffe unter fließendem Wasser, um Verschmutzungen wie anhaftende Erde oder Staub zu entfernen.

Verarbeitungsobst wird sehr oft nicht vom Baum gepflückt, sondern vom Boden aufgeklaubt. Besonders bei Verwendung einer Obstauflesemaschine werden neben den Früchten in großem Umfang Blätter, Teile von Trieben, Steine und Erde mit dem Obst aufgelesen. Außerdem haften an den Früchten Staub und eventuell noch Reste von Pflanzenschutzmitteln, sodass es notwendig ist, die Früchte sorgfältig zu waschen.

Kernobst ist eher unempfindlich beim Reinigen. Bei Stein- und Beerenobst muss man besser aufpassen, um die Frucht nicht zu verletzen und den Fruchtsaft nicht schon mit dem Waschwasser auszulaugen. Blüten sollte man nur vorsichtig abbrausen.

Ungereinigte Rohwaren verursachen durch anhaftende Mikroorganismen häufig große Probleme bei der Haltbarmachung und beeinflussen den Geschmack der Getränke negativ.

Verarbeiten Sie nur frische Ausgangsstoffe!

Am besten schmeckt´s doch frisch! Immer wieder hat sich gezeigt, dass gelagertes Obst für die Verarbeitung weniger gut geeignet ist als frisches. Da sich bei der Lagerung der Säuregehalt verringert, kommt es zu ähnlichen Problemen in der Verarbeitung wie bei überreifem Obst. Außerdem zeigen länger gelagerte Früchte deutliche Aromaeinbußen und führen damit zu eingeschränkter Produktqualität. Es sollte daher auch aus dieser Sicht eine rasche Verarbeitung der frischen Rohware vorgenommen werden.

Tiefgefrorene Früchte, wie hier Marillen, Schwarze Ribisel und Zwetschken, können gut zu Nektar oder Sirup verarbeitet werden

Nur frisch geben die Blüten der Traubenkirsche ihr volles Aroma ab

Dank moderner Lagertechnologie, dem ganzjährigen Anbau mancher Obstarten und Pflanzen, dem günstigen weltweiten Transport der Früchte und nicht zuletzt dank der einfachen Möglichkeit des Tiefgefrierens ist es heute möglich, das ganze Jahr über nahezu die gesamte Palette an Früchten oder Kräutern zu verarbeiten. Früchte, die schon den halben Erdball bereist haben, erweisen sich aber im Geschmack häufig den heimischen unterlegen.

Verarbeiten Sie nur geeignete Ausgangsstoffe!

Nicht alle Früchte, Blüten und Kräuter sind für die Herstellung von Sirup oder Nektar gleichermaßen gut geeignet. Manche eignen sich besser für das eine, manche eben für das andere Produkt. Empfehlungen finden Sie in den jeweiligen Kapiteln und bei den Rezepten.

Einige würde ich persönlich weder zu Sirup noch zu Nektar verarbeiten. Apfelsaft beispielsweise schmeckt als solcher so hervorragend, dass ein Zusatz von Wasser oder Zucker seine Qualität nur verringern kann.

Wenn Sie mit ihren Früchten, Blüten und Kräutern alle diese Kriterien beachten, haben Sie die Voraussetzung für ein fertiges Produkt von hoher Qualität geschaffen.

Nicht alle intensiven Kräuter, z. B. Salbei, eignen sich zur Herstellung von Sirup

Was benötigt man ...

... an speziellen Geräten?

Zur Herstellung von Nektar oder Sirup benötigt man keine besonderen Geräte. In einer einigermaßen gut eingerichteten Haushaltsküche ist alles zu finden, was man dafür braucht.

Die wichtigsten Dinge sind:

- Obstschäler, Messer
- Küchenmaschine zum Zerkleinern oder Pürierstab
- Küchenwaage
- Edelstahltöpfe als Kochgeschirr
- Kochlöffel, Schaumlöffel, Schöpfer, Einfülltrichter
- Dampfentsafter (zur Saftherstellung)
- Thermometer

Es ist sehr wichtig, alle Geräte, Werkzeuge und Behältnisse vor und nach ihrer Verwendung gründlichst zu reinigen. Beim Kochgeschirr sind Edelstahltöpfe zu bevorzugen, da sie leichter und gründlicher gereinigt werden können und eine längere Lebensdauer aufweisen. Obstschäler und Messer sollten über einen festen Griff und eine scharfe Klinge verfügen, Kochlöffel, Schöpfer und Einfülltrichter sind obligatorisch. Ein Schaumlöffel ist vor allem angebracht, wenn schäumende Früchte wie Kirschen, Weichseln oder Holunderbeeren verwendet werden.

... an Flaschen zum Abfüllen?

Sowohl für den Eigenbedarf als auch für den Direktvermarkter hat die Glasflasche immer noch die größte Bedeutung. Weder bei Sirup noch bei Nektar finden PET-Flaschen oder Plastikbeutel (Bag in Box) große Verbreitung.

Die Wahl der verwendeten Flaschenart und -größe richtet sich in erster Linie nach dem geplanten Produkt. Nektar wird an sich relativ rasch ausgetrunken, für diesen reicht im Normalfall eine nicht wiederverschließbare Flasche aus. Nach dem Öffnen ist Nektar nur bei Lagerung im Kühlschrank noch einige Tage haltbar. Bei Sirup dauert es meistens länger, bis die Flaschen geleert sind, weshalb den Flaschen mit Verschlussmöglichkeit der Vorzug zu geben ist.

Glasflaschen sind heute aus so gutem Material, dass sie bei der Heißfüllung nicht springen. Das doch eher mühsame Vorwärmen der Flaschen kann somit unterbleiben.

Womit sind die Flaschen zu verschließen?

Gummikappen als Verschluss

Gummikappen hatten vor der alltäglichen Verfügbarkeit des Schraubverschlusses große Bedeutung. Sie boten einen luftdichten Verschluss für Flaschen und ermöglichten ein Wiederverschließen. Das Aufsetzen der Kappen auf die Flaschen war genauso mühsam wie das Abnehmen. Um das fummelige Aufsetzen der Kappen zu erleichtern, wurden eigene Behelfshaken angeboten.

Vor ihrer Verwendung mussten die Kappen sterilisiert werden, ein Umlegen der frisch verschlossenen Flaschen war nicht möglich. Nach dem Abkühlen des Inhalts sorgte der Unterdruck in der Flasche für ein festes Anziehen der Kappe und erschwerte manchmal auch das Öffnen. Nach mehrjähriger Verwendung wurde der Gummi spröde und rissig und die Kappen mussten ersetzt werden. So hatten sie neben vielen „Vorteilen“ auch einige Nachteile.

Schraubverschluss

Dabei handelt es sich um Schraubkappen, die auf einem vorgefertigten Gewinde der Flasche gasdicht aufgesetzt werden können. Unabhängig davon, ob aus Kunststoff oder aus Aluminiumlegierungen, lassen sich diese Kappen recht leicht auf die Flaschen aufsetzen, schließen diese dicht ab und erlauben häufiges Wiederverschließen. Für Sirup sind sie daher die derzeit geeignetsten Verschlüsse, aber auch immer mehr Nektar wird in Flaschen mit Schraubverschluss abgefüllt.

Kronenkork

Der Kronenkork, allgemein als „Kapsel" bekannt, hat sich in den letzten Jahren bei Fruchtsäften für die Direktvermarktung in Österreich durchgesetzt. Bei der Produktion für den Eigenbedarf hatte er allerdings nie große Bedeutung. Seine Vorteile sind, dass er mit recht einfachen mechanischen Maschinen absolut dicht schließend auf die Flaschen aufzusetzen und daneben auch noch billig ist. Voraussetzung ist die Verwendung von Flaschen mit einer geeigneten Mündung. Der Nachteil ist, dass man einen Flaschenöffner zum Öffnen einer Flasche benötigt und dass einmal geöffnete Flaschen damit nicht mehr dicht verschlossen werden können. Auch werden Kronenkorken im Laufe der Zeit manchmal durch Korrosion unansehnlich.

Wie gewinnt man den Ausgangssaft für Sirup und blanken Nektar?

Ein wesentlicher Punkt in der Herstellung von Fruchtsirup und blankem Fruchtnektar ist die Saftgewinnung. Blanker Nektar ist aus Saft hergestellt und kein fruchtfleischhaltiges Getränk. Nur aus fruchtig-intensivem Saft kann ebensolcher Nektar oder Sirup gewonnen werden. Je klarer und farbintensiver der Fruchtsaft, desto attraktiver wird das Enderzeugnis. Blasser Saft ergibt blassen Sirup. Nach bereits kurzer Zeit nimmt der Sirup eine schale Farbe an und sieht nicht mehr ansprechend aus. Verwenden Sie daher nur geeignete Säfte zur weiteren Verarbeitung.

Anforderungen an den Rohsaft

Ein Fruchtsaft, aus dem man Sirup oder Nektar bereiten möchte, soll folgende Anforderungen erfüllen:

Der Fruchtsaft sollte sehr aromatisch sein.

Geschmacksintensive Getränke erzielt man ausschließlich durch Verarbeitung hocharomatischer, einwandfreier Früchte. Je intensiver die Früchte im Geschmack sind, umso leichter ist es, einen ebenso intensiven Sirup herzustellen. Früchte mit kaum ausgeprägtem Aroma eignen sich weniger.

Der Fruchtsaft sollte farbintensiv sein.

Farbintensive und möglichst klare Säfte werden bevorzugt verwendet. Blasser Saft ergibt blassen Sirup oder blassen Nektar, die nicht sehr ansehnlich sind. Nur farbintensive Säfte können auch nach dem Verdünnen noch ansprechend wirken. Besonders große Bedeutung hat daher gerade bei rotgefärbten Früchten die richtige Verarbeitungstechnologie.

Der Fruchtsaft sollte ausreichend enzymiert sein.

Das gilt besonders für Obstarten mit hohem Pektingehalt (siehe Anhang).

Der Pektinabbau im Saft ist eine wichtige Voraussetzung für die Herstellung von Sirup, ganz besonders bei pektinreichen Obstarten. Ist noch zu viel Pektin im fertigen Sirup, kann er in den Flaschen gelieren. Alte Ratgeber empfehlen Ausgären des Saftes vor der Sirupherstellung, da im Zuge der alkoholischen Gärung das fruchteigene Pektin abgebaut wird. Heute wird dies ausschließlich mit Hilfe von pektolytischen Enzymen erzielt.

Beim Nektar ist die Gefahr des Gelierens nicht gegeben, da der Rohsaft verdünnt und nicht so stark gezuckert wird.

Der Fruchtsaft sollte weitestgehend klar sein.

Fertiger Nektar lässt sich problemlos filtrieren. Sirup mit hohem Zuckergehalt ist zähflüssig und daher nicht mehr leicht zu filtrieren. Für stark gezuckerte Flüssigkeiten bilden die Filterschichten einen großen Widerstand. Relativ einfach sind Trubstoffe vor dem Zuckerzusatz durch eine Filtration aus dem Saft zu entfernen. Stark gezuckerter Sirup lässt sich nur heiß filtrieren. Eine Filtration wird daher vor der Heißabfüllung durchgeführt.

Der Fruchtsaft sollte stabil sein.

Dieser Punkt hat eher für jene Bedeutung, die Nektar oder Sirup in größerem Umfang und nicht nur zur Deckung des Eigenbedarfs produzieren.

Bereits vor dem Zuckerzusatz sind potenzielle Trübungsbildner aus dem Saft zu entfernen.

Dazu zählen vorrangig Eiweiß und Gerbstoffe. Sie sind durch vorhergehende Erhitzung oder Bentonitbehandlung bzw. Gerbstoffschönungen so in ihrer Konzentration zu verringern, dass ein späteres Ausflocken sicher vermieden wird. Die genaue Durchführung dieser Behandlungen findet sich in allen Fruchtsaft-Fachbüchern.

Die beste Ausgangsbasis für einen attraktiven Fruchtsirup ist ein klarer, farb- und aromaintensiver, stabiler und pektinfreier Fruchtsaft.

Eigentliche Gewinnung vom Rohsaft

Selbstverständlich können Sie diesen klaren, farb- und aromaintensiven, stabilen und pektinfreien Fruchtsaft auch kaufen. Im Supermarkt, im Reformhaus oder am Bauernmarkt sind nahezu alle gängigen Fruchtsäfte erhältlich. Aber der ganze Herstellerstolz gebührt nur dem, der auf ein komplett selbst erzeugtes Produkt verweisen kann. Die Saftgewinnung ist noch dazu nicht kompliziert und kann leicht selbst durchgeführt werden.

Vorbereiten der Früchte

Neben den allgemeinen Anforderungen an die Früchte möchte ich hier zwei Punkte besonders hervorheben:

Waschen

Bei nahezu allen Arten von Stein- oder Kernobst ist es sinnvoll, diese vor dem Verarbeiten zu waschen. Häufig finden sich Staub oder andere Verunreinigungen auf der Fruchtschale, die beim Verarbeiten nicht ins fertige Produkt gelangen sollten. Bei den Beeren ist das Waschen – wenn überhaupt – sehr vorsichtig durchzuführen, damit die Früchte nicht geschädigt werden. Am besten ist es, empfindliche Früchte (vor allem Himbeeren) vorsichtig abzubrausen oder mit einem Sieb ins Wasser zu tauchen.

Zum Entsaften vorbereitete Holunderbeeren

Entrappen

Nach dem Waschen müssen bei Holunder, Johannisbeeren und Vogelbeeren Stiele und Blätter entfernt werden. Diese können einen herben, grasigen Geschmack an den Saft abgeben. Was früher eine mühselige Handarbeit war, wird heute von Reblern aus der Traubenverarbeitung gemacht.

Entsaften

Ganze Früchte kalt entsaften

Recht gut zur Herstellung von Säften eignen sich Küchenmaschinen mit passenden Aufsätzen bzw. Haushaltsentsafter. Mit speziellen Aufsätzen kann von Kernobst bis zu Beerenobst alles in ihnen verarbeitet werden. Sie zerkleinern die Früchte mit einer Art Raspel und trennen anschließend den Saft von den festen Fruchtteilen mit Hilfe eines Siebes. Diese Geräte eignen sich ausschließlich zur Gewinnung frischer Säfte in kleinem Umfang.

Nach dem Entsaften lässt man einige Minuten vergehen, damit sich im Saftbehälter der Schaum vom Saft absetzen kann. Nach dem Abschöpfen des Schaums können Sie den Saft weiterverarbeiten.

Zerkleinerte Früchte kalt entsaften

Kalte Entsaftungsverfahren bringen nicht so farbintensive Säfte wie die durch Heißverfahren gewonnenen. Dafür bleibt das Fruchtaroma bei der Kaltentsaftung unverändert und bringt so eine frischeres Aroma in den Saft. Auch gelieren kaltgepresste Säfte generell nicht so leicht wie die heiß entsafteten. Trotzdem kann es bei pektinreichen Obstarten zur Ausbildung von Pektinflocken kommen.

Diese Art der Saftgewinnung eignet sich gleichermaßen für Beeren wie für Kernobst. Für Früchte aus der Gruppe des Steinobstes ist diese Form der Entsaftung nur bedingt geeignet. Pfirsich- und Marillenmaische lassen sich auch nach dem Enzymieren nur schwer zu einem Saft abpressen, und wenn, dann ist dieser nach der Klärung nicht wie erwartet hell und leuchtend gelb oder orange, sondern eher blass. Zwetschken und Pflaumen kann man schon nach dieser Methode entsaften.

Zerkleinern

Um den Saftaustritt zu optimieren, wird das Obst vor dem Entsaften zerkleinert, Steinobst eher nur gequetscht. Das kann man mit den unterschiedlichsten Geräten machen, wobei je nach Art des Geräts und dessen Einstellung die Früchte unterschiedlich stark zerkleinert werden. Zu bedenken ist, dass zu große Fruchtstücke die Saftausbeute beim Pressen verringern, zu feine Maische hingegen die Trennung von festen und flüssigen Bestandteilen erschwert. Die Presstücher verkleben, und der Saftablauf wird erschwert. Man erhält Säfte mit einem sehr hohen Trubstoffanteil, der schwer zu klären ist.

Maische enzymieren (Pektinabbau)

Wer schon einmal versucht hat, Ribiselmaische abzupressen, der weiß um die Bedeutung des Pektinabbaues in der Maische. Das für die Marmeladeherstellung notwendige Pektin stört uns hier mit seiner Quellfähigkeit. Es macht die Maische dickflüssig und verklebt die Saftdurchlässe der Presse. Ohne Pektinabbau ist ein Pressen pektinreicher Beerenobstarten nicht denkbar. Aber auch beim Steinobst erleichtert das Enzymieren den Saftablauf und erhöht die Ausbeute.

Das Enzym soll der Maische ohne Erwärmen etwa 3 bis 4 Stunden vor dem Pressen zugesetzt werden, um die notwendige Wirkung erzielen zu können. Gut eingerichtete Betriebe, die entsprechend große Mengen produzieren, erwärmen die Maische auf etwa 50 °C, setzen die Enzyme dann zu und pressen nach etwa einer Stunde Einwirkzeit. Bei dieser Temperatur haben die pektolytischen Enzyme – abgesehen von der besseren Farbausbeute – ihr Wirkungsoptimum, bei höheren Temperaturen werden sie bereits geschädigt.

Pressen

Für die Herstellung größerer Mengen Fruchtsaft benötigt man Obstpressen. Diese gibt es in unterschiedlichen Größenausführungen, die bei einem Füllvolumen von wenigen Litern beginnen und bis zu mehreren tausend Litern reichen.

Bei den kleinsten Typen von Korbpressen besteht der Presskorb aus einem perforierten Metallmantel. Bei größeren Ausführungen besteht er fast immer aus Holz und wird innen mit einem Presstuch ausgelegt, um ein Austreten der Maische aus dem Korb zu verhindern. Gleichzeitig sorgt das Presstuch für eine erste Grobfiltration des Saftes. Wegen des hohen Arbeitsaufwandes hat diese schon sehr alte Art von Pressen keine große Bedeutung mehr.

Während bei der Korbpresse die Maische durch einen Druckstempel von oben her ausgepresst wird, ist es bei der Hydropresse ein dehnbarer Gummibalg, der mit Wasser gefüllt wird und die Maische gegen einen mit einem Presstuch ausgelegten, perforierten Mantel drückt. Bereits einfacher Wasserleitungsdruck reicht aus, um die Maische genügend auszupressen. Wegen ihrer einfachen Bedienbarkeit und der guten Ausbeute haben die Hydropressen die Korbpressen fast vollkommen verdrängt. Die Haushaltsausführung der Hydropresse hat einen Füllraum von etwa 2 l, die größten mir bekannten Geräte einen Füllraum von 180 l. Für die Herstellung größerer Mengen benötigt man eine Pack- oder Bandpresse.

Ganze Früchte heiß entsaften

Gerade bei der Verarbeitung von roten Früchten eignet sich bestens ein Entsaftungsverfahren, bei dem die Früchte erhitzt oder gar aufgekocht werden, weil dadurch ein Maximum an Farbausbeute möglich ist. Der Kochvorgang führt fast alles an Pektin in lösliche Form und damit in den Saft über. Bevor der Zucker zugesetzt wird, muss bei pektinreichen Obstarten ein Pektinabbau erfolgen, um ein Gelieren im Sirup oder auch im Nektar zu verhindern.

Entsaften durch Aufkochen von Obst

Eine der ältesten Methoden, Saft zu gewinnen, besteht darin, die Früchte mit etwas Wasser so lange zu kochen, bis die Zellen platzen und den Saft freigeben. Um auf diese Art entsaften zu können, benötigt man außer einem Kochtopf keine zusätzliche Ausrüstung. Diese Methode funktioniert rasch und bietet sich besonders für kleine Mengen an.

Bevor man mit dem Entsaften beginnt, müssen die Früchte verlesen und gereinigt werden. Beerenobst muss nicht, sollte aber entstielt werden. Andernfalls können beim Kochen unerwünschte Bitterstoffe in den Saft gelangen. Dickschalige Früchte zerkleinert man am besten mit dem Messer, ebenfalls Steinobst, das bei dieser Gelegenheit auch gleich entkernt wird. Süßkirschen allein geben eher einen faden Geschmack, mehr Aroma erzielt man mit Weichseln.

Nach dem Zerkleinern wird das vorbereitete Obst in einen Kochtopf gegeben, eventuell mit etwas Wasser vermischt und dann zum Kochen gebracht. Erst wenn die Früchte weich sind und deutlich Flüssigkeit abgegeben haben, nimmt man den Topf von der Platte. Beim Kochen sollten Sie nicht zu viel rühren, damit der Trubanteil im Saft gering bleibt. Stark gerührtes Obst hat nach dem Kochen einen musigen Charakter und ist nur mehr schwer zu entsaften.

Die gekochten Früchte lässt man noch einige Zeit ziehen, bevor man sie über ein feines Tuch oder ein Sieb abseiht. Bei einer Temperatur von etwa 50 °C könnte man den Früchten ein pektinspaltendes Enzym zusetzen, das nach etwa 30 Minuten Einwirkzeit das Abseihen

Tiefgefrorene Schwarze Ribisel ...

werden mit den Stängeln aufgekocht und ...

nach dem Enzymieren durch ein Nudelsieb abgeseiht.

Anschließend durch ein Geschirrtuch filtrieren, ...

das aber sicher nie mehr ganz weiß wird.

deutlich erleichtern würde. Zum Abseihen empfiehlt sich ein Nudelsieb, das innen mit einem Geschirrtuch ausgelegt ist. Lassen Sie dem Saft dabei Zeit zum Ablaufen. Drücken Sie dieses Tuch zusammen, gelangen vermehrt Trubstoffe in den Saft und das Getränk verliert an Glanz.

Die Farbausbeute derartig hergestellter Säfte ist hoch, der frische Fruchtgeschmack häufig durch den Kochvorgang und das zugesetzte Wasser etwas vermindert. Dennoch ist diese Methode zur Gewinnung kleiner Saftmengen gut geeignet und weit verbreitet.

Entsaften mit dem Dampfentsafter

Die gebräuchlichste Art der Saftgewinnung im Haushalt besteht nach wie vor in der Verwendung des Dampfentsafters. „Alt, aber gut (und bewährt)", könnte man sagen.

Ein Dampfentsafter besteht aus drei Behältern, einem für das Wasser, einem zum Auffangen des Saftes und einem durchlöcherten Behälter, in dem die Früchte sind. Mit ihm ist es leicht, einen relativ klaren, farbintensiven Saft zu gewinnen, der sich gut zur Weiterverarbeitung eignet.

Die Früchte müssen vor dem Entsaften verlesen und gereinigt werden. Ein Einzuckern des Obstes vor dem Entsaften ist eher zu vermeiden, da ansonsten das Einkochverhältnis nicht mehr genau eingehalten werden kann. Auch nachträgliches Einrechnen des zugesetzten Zuckers führt nicht mehr zur erwünschten Genauigkeit.

Anschließend füllt man das Wassergefäß bis zur Markierung (etwa 3/4 voll) und gibt die Früchte locker in den durchlöcherten Fruchtkorb; sie sollten nicht hineingepresst werden. Das Wasser anschließend zum Kochen bringen. Der aufsteigende Dampf bringt die Zellwände der Früchte zum Platzen und ermöglicht dadurch den Saftaustritt.

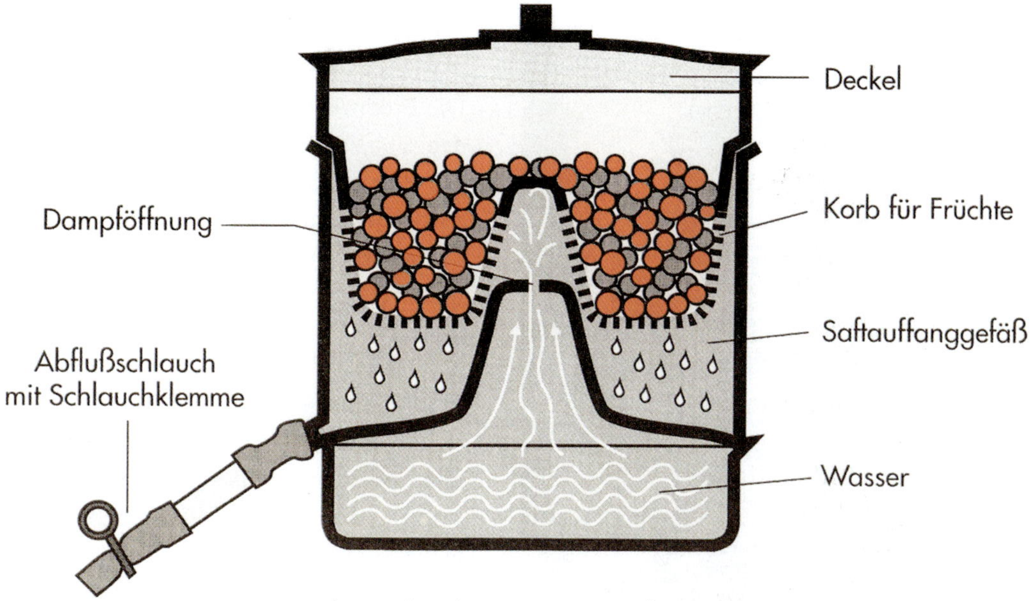

Schnitt durch einen Dampfentsafter

Je nach verwendetem Obst dauert ein Entsaftungsvorgang eine halbe Stunde (bei weichem Obst) und eine Stunde (bei harten Früchten). Je länger man entsaftet, desto höher ist die Saftausbeute. Kürzere Entsaftungszeiten laugen das Obst nicht so stark aus und erhöhen die Geschmacksintensität des Safts, verringern aber die Ausbeute.

Der anfangs ablaufende Saft ist sehr intensiv und süß, gegen Ende des Entsaftens hin wird er dünn und weniger aromatisch. Es ist daher nicht sinnvoll, beim Entsaften laufend Saft wegzunehmen. Besser ist es, ihn in einem Sammelgefäß aufzufangen. Der während des gesamten Entsaftungsvorgangs aufgefangene Saft weist dann eine einheitliche Intensität und damit auch gleiche Qualität auf.

Es gibt spezielle Druckkochtöpfe mit Einsätzen, die man ebenfalls zum Weichkochen von Obst verwenden kann. Bei weichen Früchten ist der Zeitgewinn dadurch nicht groß, bei harten verkürzt sich die Kochdauer um einige Minuten im Vergleich zur offenen Kochweise.

Dampfentsafter

Saftbehandlung

Die Produzenten großer Mengen verwenden üblicherweise Schönungsmittel, um den Saft vor dem Zuckern zu klären bzw. zu stabilisieren. Damit soll verhindert werden, dass sich der fertige Sirup noch eintrübt. Die Verwendung von Schönungsmitteln wie Bentonit, Gelatine oder Kieselsol ist unbedenklich und in jedem Fruchtsaftbuch beschrieben.

Für die Hersteller kleinerer Mengen und vor allem für den eigenen Haushalt spielen leichte Trübungen eine geringere Rolle, sie werden toleriert.

Ein anderer Behandlungsschritt – das Enzymieren – ist aber auch für die Hersteller kleinerer Mengen von Bedeutung, wenn sie nach dem Abkühlen Sirup in ihren Flaschen vorfinden wollen und nicht Gelee.

Enzymieren

Was ursprünglich nur die gewerblichen Hersteller von Säften verwendeten, hat nun auch schon bei kleineren Betrieben Einzug gehalten. Auch hier werden bewusst Enzyme zum Abbau von Pektinstoffen eingesetzt, um unerwünschtes Gelieren zu verhindern und die Klärung zu beschleunigen. In der häuslichen Obstverarbeitung findet man diese, auch „Antigeliermittel“ genannten Präparate nur selten. Enzyme sind Eiweißkörper, die biochemische Reaktionen beschleunigen oder überhaupt erst ermöglichen. Sie sind somit Voraussetzung für jede Art von Leben.

Im Zusammenhang mit Fruchtsaft bezieht sich „Enzymieren“ fast immer auf den gezielten enzymatischen Abbau von Pektin.

Enzyme sind zwar in allen Früchten enthalten, die im Zuge der Reife durch den enzymatischen Abbau von Pektin aufweichen. Nur ist die Menge dieser natürlich vorkommenden

Eine Messerspitze Enzym reicht für mehrere Liter Saft

Substanzen zu gering, um das Pektin der Früchte vollständig abbauen zu können. Ihr Zusatz ist sozusagen eine unterstützende Maßnahme bei einem natürlichen Prozess.

Der Pektinabbau verhindert nicht nur das Gelieren, er hat auch einen gewissen Klärungseffekt. Pektin bildet um Trubteilchen herum eine Schutzhülle und stabilisiert den Trub im Saft. Durch den Enzymzusatz wird das Pektin gelöst und abgebaut. Der Saft wird dadurch dünnflüssiger, Trubteilchen setzen sich leichter ab, und der Saft wird fast klar.

Die Säfte aus pektinreichen Früchten müssen vor dem Zuckern mit Enzymen behandelt werden, um ein Gelieren des Saftes zu verhindern. Dies geschieht bei Temperaturen zwischen 10 und 55 °C. Darunter wirken die Enzyme fast nicht, jede Temperaturerhöhung um 10 °C verdoppelt aber beinahe ihre Abbaugeschwindigkeit. Bei Temperaturen um 50 °C ist die Wirkung am stärksten, ab 60 °C kommt es zu irreversiblen Schäden an den Enzymen und sie verlieren ihre Wirkung.

Wann wird enzymiert?

Säfte aus Kernobst werden fast ausschließlich kalt abgepresst und anschließend enzymiert. Das Enzym braucht nach seinem Zusatz etwa 1 bis 2 Stunden, um die volle Wirkung zu entfalten.

Steinobst oder **Beerenobst** wie beispielsweise Johannisbeeren muss man bereits vor dem Pressen enzymieren. Dafür werden die Früchte zerkleinert, ohne dabei die Kerne zu zerstören, und nach einer eventuellen Erwärmung auf maximal 55 °C Enzyme zugesetzt. Kalt enzymierte

Säfte oder Maischen benötigen etwa 2 bis 4 Stunden zum vollständigen Pektinabbau, bei erwärmten Maischen reichen meistens schon 30 Minuten. Setzt man kein Enzym zu, lassen sich die Früchte nur schlecht und mit deutlichen Ausbeuteeinbußen abpressen.

Bei aufgekochten und anschließend durch ein Tuch gepressten oder im **Dampfentsafter** entsafteten Früchten muss der Saft erst abkühlen, bevor das Enzym zugesetzt werden kann. Erst wenn der Saft auf etwa 50 °C abgekühlt hat, darf man das Antigeliermittel dazugeben. Ist der Saft noch zu heiß, verlieren die Enzyme ihre Wirkung.

Wie wird enzymiert?

Die notwendigen Mengen sind sehr gering. Ein Esslöffel Flüssigenzym reicht für etwa 100 l Saft. Am besten vermischt man die benötigte Menge mit etwas Saft und erst dann mit der restlichen Saftmenge, um eine gleichmäßige Verteilung zu erlangen. Verkostungen haben gezeigt, dass selbst bei mehrfacher Überkonzentration keine negativen Veränderungen in Geruch und Geschmack durch den Enzymzusatz festzustellen sind.

Beziehen kann man diese pektinspaltenden Enzyme – oder auch Antigeliermittel genannt – in Geschäften mit Kellereibedarf oder in Drogerien bzw. über den Versandhandel. Sie kommen als Pulver oder in flüssiger Form in den Handel.

Klärung

Bereits mit einfachen Mitteln wie mit Küchensieben, Mull- oder Geschirrtüchern kann man den Saft schon gut klären. Für den Verkauf empfiehlt sich allerdings, den Saft vor dem Zuckerzusatz zu filtrieren, nachher ist er nur mehr schwer filtrierbar.

Zur Filtration von kleinen Mengen verwendet man Filter, die wie überdimensionale Kaffeefilter aussehen. Sie sind mit verschiedenen Porengrößen erhältlich, bereits mit der gröbsten lässt sich der Saft ausreichend klar filtrieren. Für größere Saftmengen setzt man Schichtenfilter mit unterschiedlicher Klärschärfe ein.

Entscheidend für den Erfolg der Filtration ist der im vorigen Kapitel erwähnte Pektinabbau. Bei großen Mengen Pektin im Saft verkleben die Filterschichten oder das Filterpapier innerhalb kürzester Zeit und lassen keinen Saft mehr durch. Nur ausreichend enzymierte Säfte lassen sich problemlos filtrieren.

Wie stellt man Sirup her?

Die Verarbeitung von Fruchtsäften zu Dicksäften ist bei uns ein altes Einkochverfahren. Nicht nur heimische Früchte werden auf diese Art zu haltbarem Saft verarbeitet, auch Kräuterextrakte werden so hergestellt.

Was ist Sirup?

Unter Sirup versteht man ziemlich süße, zähflüssige, meistens farbintensive und sehr aromatische Produkte, die generell verdünnt zu konsumieren sind. Pur nimmt man Sirup als Hausmittel bei Verkühlungen ein oder verwendet ihn für Mixgetränke.

Rein rechtlich muss Sirup einen Zuckeranteil von mehr als 55 % aufweisen. Bei einem üblichen Verdünnungsverhältnis von 1 : 6 bedeutet das, dass auf 1 Teil Sirup 6 Teile Wasser kommen. Die Inhaltsstoffe aus dem einen Teil Sirup werden dadurch auf insgesamt sieben Teile aufgeteilt (6 Teile Wasser + 1 Teil Sirup), der Zucker- und Säuregehalt reduziert sich dadurch auf ein Siebentel. Bei 55 % Trockensubstanz und einem Verdünnungsverhältnis von 1 : 6 entsteht daraus ein Getränk mit einem Zuckergehalt von etwa 8 bis 10 %. Da der Zuckergehalt bestimmend für die Verdünnung ist, wird der für den Eigenverbrauch weniger stark gezuckerte Sirup nicht so stark verdünnt.

Sirup ist ein stark gezuckerter und dadurch haltbar gemachter Fruchtsaft oder Kräuter- bzw. Blütenauszug. Er wird meistens verdünnt getrunken, zum Süßen verwendet oder pur als Hausmittel eingenommen.

Im Rezeptteil finden sich für jeden Verwendungszweck entsprechende Rezepte.

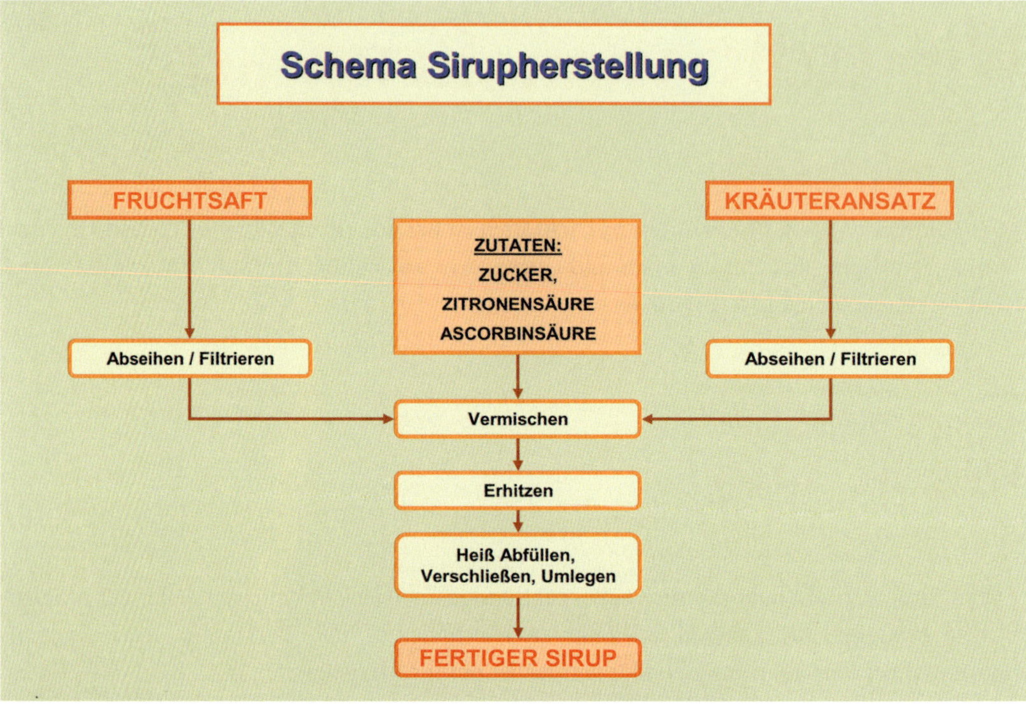

Holunderblüten sind wohlduftende Boten des Sommers und sehr gut zur Sirupherstellung geeignet

Wie stellt man Kräuter- oder Blütensirup her?

Kräuter- und Blütensirup weisen in der Herstellung große Ähnlichkeit auf. Beides sind wässrige Auszüge aus der geschmacksgebenden Komponente, die gezuckert und mit Säure versehen abgefüllt werden.

Welche Kräuter und Blüten sind geeignet?

An sich sind alle genießbaren Kräuter oder Blüten zur Sirupherstellung geeignet. Manche geben mehr und andere weniger Geschmacksstoffe ab. Zum Trinken ist vor allem der Sirup, dessen Ausgangsstoffe einen intensiven, lieblichen Duft aufweisen. Zum Verfeinern von Speisen oder Desserts eignet sich wiederum ein Kräutersirup, der nicht unbedingt trinkbar ist, und zu guter Letzt findet sich mancher Sirup als Hausmittel für diverse Wehwehchen.

Besonders gut zu trinken sind Holunderblütensirup und Sirup aus Melissen und Minzen. Zum Verfeinern von Speisen kann man Sirup aus Waldmeister oder Ingwer verwenden, und als Medizin dient Sirup aus Feigen oder Rettich.

Ein kleiner Kräutergarten liefert verschiedenste Kräuter zur Sirupherstellung

Welche Gefäße sind zum Ansetzen geeignet?

Zum Ansetzen von Kräutersirup eignen sich besonders gut Behälter aus Glas, Kunststoff oder Edelstahl. Wichtig ist, dass die Gefäße gut zu reinigen sowie leicht befüll- und entleerbar sind. Deshalb sind solche Gebinde zu empfehlen, die eine große Einfüllöffnung haben. Ein dichter Verschluss verhindert, dass Ameisen oder Mücken den Ansatz heimsuchen.

Wann setzt man den Zucker zu?

Unterschiede in den Rezepten ergeben sich vor allem durch den Zeitpunkt der Zuckerzugabe und ob der Auszug heiß oder kalt erfolgt.

Zucker und Kräuter gleichzeitig ansetzen

Dies ist die einfachste Art des Ansatzes. Die gesammelten Kräuter werden im Ansatzbehälter mit Wasser (egal ob heiß oder kalt) übergossen. Der Zuckerzusatz erfolgt entsprechend der errechneten und aufgegossenen Wassermenge. Große Zuckermengen lösen sich nur schlecht im Wasser auf. Um den Zucker dennoch vollständig in Lösung zu bringen, muss nach dem Ansetzen immer wieder umgerührt werden. Sobald der Zucker vollständig aufgelöst ist, kann man den Ansatz einige Tage stehen lassen.

Nach 3 bis 5 Tagen ist in der Regel das Aroma vollständig gelöst und der Sirup kann abgeseiht werden. Dazu gießen Sie den Sirup am besten durch ein Sieb, da er sich wegen des hohen Zuckergehaltes nicht mehr so leicht filtrieren lässt. Anschließend erhitzen und heiß abfüllen.

Kräuter mit Wasser ansetzen

Die Kräuter nur mit Wasser anzusetzen und erst nach dem Abtrennen zu zuckern, ist nicht unbedingt empfehlenswert. Erstens ist Zucker ein wichtiger Aromaträger und ungezuckerte Auszüge schmecken selten so intensiv wie die gezuckerten. Zweitens fehlt dem Ansatz die Schutzwirkung des Zuckers und er beginnt rascher zu verderben. Allerdings kann man diesen Auszug noch leicht durch ein Filter lassen und anschließend beim Erhitzen vor der Heißfüllung die gesamte Zuckermenge auflösen.

Die Blätter abzupfen und im Ansatzgefäß vorbereiten, ...

Zucker und Zitronensäure zu den Blättern geben, ...

mit Wasser überziehen, täglich umrühren ...

und bis zu 3 Tage stehen lassen. Anschließend abseihen, erhitzen und abfüllen.

Kräuter mit einem Teil des Zuckers ansetzen

Diese Methode hat sich im Laufe der Zeit zu meiner Lieblingsmethode entwickelt. Mit dem Wasser setze ich schon einen Teil, meistens die Hälfte der errechneten Zuckermenge den Kräutern zu. Das reicht aus, um zumindest 3 Tage keine Gärung im Ansatz zu erreichen und gleichzeitig auch genügend Aroma aufzunehmen. Nach den 3 bis 4 Tagen seihe ich den Ansatz ab. Das kann mit einem Mulltuch oder einem Geschirrtuch geschehen. Wer mag, kann diesen grob filtrierten Ansatz auch noch durch ein weiteres Filter (z. B. Kaffeefilter) lassen. Anschließend in einem Topf die restliche Menge Zucker zusetzen und während des Erwärmens den Zucker auflösen.

Heißes oder kaltes Wasser aufgießen?

Diese Frage kann nicht allgemein gültig beantwortet werden. Persönlich tendiere ich eher zum kalten Aufguss, da dieser bei feinen Aromen sicherlich der schonendere ist. Bei empfindlichen Blüten, wie beispielsweise denen der Robinie / Akazie, wird fast alles Aroma durch einen heißen Aufguss zerstört. Andere Ausgangsstoffe, wie zum Beispiel Löwenzahnblüten, gießt man nicht nur heiß auf, man kocht die Blüten sogar im Wasser. Wenig Einfluss hat die Temperatur des Wassers bei Holunder- oder Traubenkirschblüten, aber auch bei Minze oder Melisse spielt sie kaum eine Rolle.

Wie stellt man Fruchtsirup her?

Welche Obstarten sind geeignet?

Zur Herstellung eines Fruchtsirups sind an sich alle Früchte geeignet, die sich entsaften lassen und einen aromaintensiven Saft abgeben. In erster Linie sind das Beeren wie Himbeeren oder Johannisbeeren, aber auch Weichseln oder Zwetschken eignen sich recht gut. Früchte wie Marille oder Pfirsich lassen sich nur schwer entsaften und werden eher zu Fruchtmark und anschließend zu Nektar verarbeitet.

Himbeeren sind gut zur Sirupherstellung geeignet

Eigentliche Herstellung

Die eigentliche Herstellung ist recht einfach zu beschreiben. Der Ausgangssaft (siehe Kapitel Rohsaft) wird erwärmt, mit Zucker und Säure nach Rezept vermischt und heiß abgefüllt.

Was ist beim Zuckern zu beachten?

Erst durch den Zusatz von Zucker wird Fruchtsaft zu Sirup. Da es gilt, einen hohen Trockensubstanzgehalt zu erreichen, haben sich ausschließlich kristalline Zuckerformen durchgesetzt. Ausgenommen davon sind lediglich Süßstoffe für die Bereitung eines kalorienreduzierten oder eines diabetikergeeigneten Sirups.

Welchen Zuckergehalt strebt man an?

Die Frage, ob viel oder wenig Zucker in den Sirup gegeben werden soll, beschäftigt viele Hersteller. Denjenigen, die Sirup vermarkten, hat der Gesetzgeber die Entscheidung abgenommen. Er gibt einen Mindest- und Höchstgehalt an Zucker vor. Bei der Verarbeitung für den Eigenbedarf ist das aber durchaus eine wichtige Frage.

Es gibt Hersteller von Fruchtsirup, die den Sirup nur wenig zuckern, um den Fruchtanteil möglichst hoch zu halten und gleichzeitig nicht so große Mengen Zucker zuzusetzen. Sie erreichen nicht so hohe Trockensubstanzwerte (300 g Zucker je Liter Saft) und damit eine nach dem Öffnen eingeschränkte Haltbarkeit. In diesen Verdünnungssäften ist dann aber der Fruchtgehalt noch etwas höher. Andere Hersteller setzen so viel Zucker zu, dass der Sirup nach dem Öffnen ungekühlt noch gut haltbar ist. Das reicht bis zu 1,5 kg je Liter Fruchtsaft. Wenn der Sirup verdünnt wird, um ihn zu trinken, ist dann zwar – unabhängig von der Variante – gleich viel Zucker drinnen, aber eben der Fruchtgehalt im stark gezuckerten sehr gering.

Beim Kräuter- oder Blütensirup gibt es diesen Fruchtanteil eigentlich nicht. Alles an Zucker und Säure muss diesem zugesetzt werden, denn Blüten und Blätter enthalten weder Zucker noch Säure in merkbarem Ausmaß. Blüten- und Kräutersirup verliert durch viel Zuckerzusatz lediglich etwas an Intensität. Das kann aber durch mehr Blätter oder Blüten ausgeglichen werden.

Für Blüten- und Kräutersirup ist ein relativ hoher Zuckergehalt empfehlenswert.

Wie setzt man den Zucker zu?

Bei diesem Verarbeitungsschritt unterscheidet man prinzipiell zwischen dem Warm- und dem Kaltlöseverfahren.

Warmlöseverfahren

Um die doch recht große Menge Zucker im Saft lösen zu können, wird eine genau bemessene Menge Fruchtsaft (oder Wasser-Kräuter-Auszug) erwärmt. Nach und nach setzt man Zucker in kleinen Mengen zu und bringt ihn unter laufendem Rühren in Lösung. Für Sirup, der heiß in die Flasche gefüllt wird, ist dieses Verfahren zu bevorzugen, da das Auflösen des Zuckers wesentlich rascher erfolgt als bei einem Kaltlöseverfahren. Die Pasteurisation ist für Sirup zwar kein zwingend vorgegebener Verfahrensschritt, wirkt sich aber äußerst positiv auf die Haltbarkeit aus. Ein Warmlöseverfahren ist daher für die gängige Heißfüllung empfehlenswert.

Für Warmlöseverfahren sind möglichst flache Kochkessel bzw. -töpfe mit breitem Boden zu nehmen, da diese eine rasche Wärmeübertragung ermöglichen und Aromaverluste damit verringert werden. Die optimalen Safttemperaturen zum raschen Auflösen des Zuckers liegen zwischen 40 und 60 °C. Kurz vor der Füllung wird Sirup rasch auf mindestens 80 °C erhitzt oder sogar kurz aufgekocht und anschließend heiß abgefüllt.

Die Fruchtsaft-Zucker-Mischung wird vor einer Heißfüllung so lange unter ständigem Rühren erhitzt, bis der Zucker spätestens bei Erreichen des Siedepunktes komplett in Lösung ist. Mit einem Schaumlöffel entfernt man entstandenen Schaum und füllt den Sirup noch heiß in die vorbereiteten Flaschen ab. Produkte mit sehr hohem Zuckergehalt werden häufig kurz aufgekocht. Die dabei stattfindende starke Inversion des Zuckers verhindert eine spätere Kristallisation im Fertigprodukt bei kalter Lagerung.

Nach der Heißfüllung sollen die Sirupflaschen für kurze Zeit umgelegt (Deckelpasteurisation) und anschließend möglichst rasch wieder rückgekühlt werden, um Aroma- und Farbverluste zu verhindern.

Kaltlöseverfahren

Da bei diesem Verfahren die Hitzeeinwirkung auf den Saft unterbleibt, sind diese Produkte, was den Fruchtgeschmack angeht, qualitativ meistens hochwertiger. Zum Auflösen des Zuckers benötigt man bei diesem Verfahren ein Gefäß mit einer Rühreinrichtung. Dafür eignen sich – je nach Menge – Geräte von der Küchenmaschine bis zum Rührtank. Der genau bestimmten Menge Fruchtsaft wird die errechnete Menge Zucker nach und nach zugesetzt. Je mehr Zucker bereits aufgelöst ist, desto langsamer läuft der Prozess ab.

Um die erforderlichen 60 % Trockensubstanz zu erreichen, ist langes Rühren erforderlich. Langsame Rührwerke sind zu bevorzugen. Der Einsatz eines schnell laufenden Rührwerkes beschleunigt zwar den Löseprozess, bringt aber einen sehr großen Sauerstoffeintrag mit sich. Die feinen Luftbläschen lassen den Sirup anfangs trüb erscheinen und steigen nur sehr langsam auf.

Kaltlöseverfahren haben wegen der wesentlich schwereren Lösbarkeit des Zuckers und der verminderten Haltbarkeit gegenüber den Heißlöseverfahren und der Heißfüllung deutlich an Bedeutung verloren.

Was ist beim Säurezusatz zu beachten?

Der Säurezusatz ist notwendig, um trotz des hohen Zuckergehalts nach dem Verdünnen ein harmonisches Getränk zu erhalten. Die meistverwendete Säure ist Zitronensäure, sie ist einfach zu handhaben, ungefährlich und in jedem Kaufhaus erhältlich. Um den Säuregehalt in einem Liter um ein Gramm anzuheben, ist ein Gramm Zitronensäure notwendig.

Welchen Säuregehalt strebt man an?

Ein Säuregehalt zwischen 25 und 45 g / l im Sirup ergibt nach der üblichen Verdünnungsanleitung von 1 : 6 ein Getränk mit einem Säuregehalt zwischen 4 und 8 g / l, wobei der höhere Wert schon extrem sauer ist. Mit dem üblichen Trockensubstanzgehalt von 60 % und dem Verdünnungsfaktor 1 : 6 bedeutet das knapp weniger als 10 % Zucker bei einem Säuregehalt von 8 g.

Da sich beim Verdünnen auch die Säure im gleichen Verhältnis wie der Zucker verdünnt, muss bei Obstarten mit wenig Säure auch diese zugesetzt werden.

Ungesäuerter Sirup ergibt ansonsten ein unharmonisch und fad schmeckendes Getränk. Das gilt auch für einige schwach säuerliche Säfte, auch ihnen muss Säure zugesetzt werden, um nach dem Verdünnen ein harmonisches Getränk zu erhalten. Ein Säuregehalt zwischen 25 und 45 g / l im Sirup ergibt nach der üblichen Verdünnungsanleitung ein Getränk mit einem Säuregehalt zwischen 4 und 8 g / l. Für die meisten von uns ist der höhere Wert wahrscheinlich schon zu sauer, doch entscheidet letztendlich der persönliche Geschmack. Im Zweifelsfall wählen Sie einen niedrigeren Säuregehalt, denn beim Verdünnen kann man immer noch mit einigen Zitronenscheiben etwas nachhelfen.

Aus Erfahrungswerten leiten sich folgende Säuregehalte für Sirup, der 1 : 5 verdünnt getrunken werden soll, ab:

Säuregehalt im Sirup	**25 g / l**	**35 g / l**	**45 g / l**
Ergibt bei einer Verdünnung von 1 : 5 im fertigen Getränk	4 g / l	6 g / l	8 g / l
Geschmackseindruck	wenig sauer	durchschnittlich sauer	säuerlich

Bei der Erstellung eigener Rezepte ist die im Saft enthaltene Säure mit einzubeziehen. Eine beispielhafte Berechnung dazu finden Sie im Anhang. Auszüge oder Extrakte aus Kräutern und Blüten beinhalten keine natürlichen Säuren.

Der für einen harmonischen Geschmack benötigte Säureanteil muss zur Gänze zugesetzt werden. Die letztendlich verwendete Menge an Zutaten ist vom Rohsaft abhängig, Vorproben sind empfehlenswert.

Wie setzt man die Säure zu?

Der Zeitpunkt der Zugabe spielt keine wichtige Rolle. Sie kann bereits beim Ansetzen von Kräutern oder erst im Zuge des Aufzuckerns zugesetzt werden. Nach dem Einrühren der kristallinen Säure muss diese gleich wie Zucker durch Umrühren aufgelöst werden.

Wie füllt man richtig ab?

Sirup wird vorwiegend heiß bei Temperaturen zwischen 75 und 80 °C in Flaschen mit Schraubverschluss oder Kronenkork abgefüllt. Nach dem Füllen wird die Flasche möglichst rasch verschlossen (gleich wie bei Saftflaschen) und umgelegt, damit der heiße Saft auch die am Verschluss anhaftenden Keime inaktiviert.

Ein aufwändiges Keimfreimachen der Flaschen vor dem Füllen ist daher nicht mehr notwendig, auch nicht das Abkochen des Verschlusses. In vielen älteren Ratgebern wird ein Vorwärmen der Flaschen empfohlen. Mit den neuen Flaschen ist das nicht mehr notwendig, sie sind vom Material und der Glasstärke her so ausgelegt, dass sie auch beim Heißfüllen nicht springen.

Kaltfüllungen sind zwar die aromaschonendere Variante, aber die Sicherstellung der Haltbarkeit hat Vorrang. Für Füllungen größerer Mengen haben sich Vakuumfüller bewährt, da Sirup zu zähflüssig für herkömmliche Fallstromfüller ist.

Heiß abgefüllter Sirup ist bei richtiger Herstellung mit Sicherheit haltbar und beginnt in der verschlossenen Flasche weder zu schimmeln noch zu gären.

Wie macht's der industrielle Betrieb?

Vielen industriell hergestellten Fruchtsirupen muss mit Farb- und Aromastoffen nachgeholfen werden, damit sie den typischen Geruch und Geschmack aufweisen. Auch die meisten der allseits bekannten Orangeaden und Zitronaden enthalten nur einen geringen Fruchtanteil, der Rest besteht aus Farb- und Aromastoffen. Einige der Großbetriebe verzichten auf derartige Zusätze, sie arbeiten nach den gleichen Prinzipien wie man sie auch im Haushalt hat, nur in größeren Dimensionen. Aufschluss über die Inhaltsstoffe gibt das Etikett auf der Flasche.

Die Basis für Fruchtsirup ist geklärter Fruchtsaft. Gleich wie bei der Herstellung von

Durch Wasserentzug beim Fruchtsaft sind solche Fruchtanteile möglich (Etikett Fa. Darbo)

Fruchtnektar verwenden viele der großen Betriebe an Stelle des frischen Safts selbst hergestelltes oder zugekauftes Fruchtsaftkonzentrat. Herstellung und Eigenschaften von diesem Konzentrat sind im Kapitel der industriellen Nektarherstellung näher beschrieben.

Und bei der Sirupherstellung zeigt sich ein Vorteil des Konzentrats. Während im Kleinbetrieb ein hoher Trockensubstanzgehalt nur durch den Zusatz von kristallinem Zucker erreicht werden kann, ist es dem großen, qualitätsorientierten Betrieb möglich, durch technischen Entzug von Wasser den Trockensubstanzgehalt im Fruchtsaft so weit zu erhöhen, dass nur mehr wenig Zucker zugesetzt werden muss, um den erforderlichen Wert zu erreichen.

Kräutersirup wird entweder tatsächlich durch Ansatz von Kräutern oder Blüten gewonnen oder aber lediglich durch Zusatz von Aromen zu Zuckersirup. Hier gibt das Etikett auf der Sirupflasche wertvolle Hinweise, wie dieser hergestellt wurde.

Wie stellt man Nektar her?

Was ist Nektar?

Bereits aus Geschichten der Antike kennen wir den Begriff „Nektar“, der als das „Getränk der Götter“ gepriesen wurde. Ob damit auch tatsächlich das Getränk gemeint war, das wir heute als Nektar bezeichnen, bleibt dahingestellt. Tatsache ist, dass Fruchtnektar heute beliebt ist wie noch nie. Sowohl Produktvielfalt als auch Absatzmengen sind in den letzten Jahren stark gestiegen.

Nektar wird aus Fruchtsaft oder Fruchtmark durch Zusatz von Wasser, Zucker und eventuell Säuren hergestellt.

Viele der Getränke, die wir heute als „Saft“ im Handel beziehen, sind genau betrachtet ein „Nektar“. Denken Sie nur an Birnen-, Pfirsich-, Trauben- oder Ribiselsaft: Als Saft finden wir sie nur ganz selten im Regal, als Nektar sind sie aber sehr weit verbreitet. Wie kommt es also, dass einige Früchte nur in Form eines Nektars genossen werden können und andere, so wie der Apfel, fast ausschließlich als Saft unseren Durst löschen?

So mancher Frucht muss nachgeholfen werden, um daraus ein schmackhaftes Getränk herstellen zu können. Denken Sie nur an den Saft aus Birnen, Ribiseln oder Weichseln. Das Fruchtmark oder der Saft aus diesen Früchten wird daher mit Wasser und Zucker gemischt, um es trinkfertig zu machen. Dieses Getränk bezeichnet man als „Nektar“. Im Gegensatz dazu darf „Fruchtsaft“ nicht mit Wasser oder Zucker versetzt werden, sein Fruchtanteil beträgt 100 %.

Säfte aus sauren Früchten (wie zum Beispiel Johannisbeeren, Heidelbeeren oder Weichseln) weisen von Natur aus einen zu hohen Säuregehalt für den direkten Genuss auf. Sie müssen verdünnt und mit Wasser und Zucker trinkfertig gemacht werden. Andere Früchte, wie Marillen, Birnen oder Pfirsiche, lassen sich nur schwer entsaften. Bei ihnen gelangt daher das

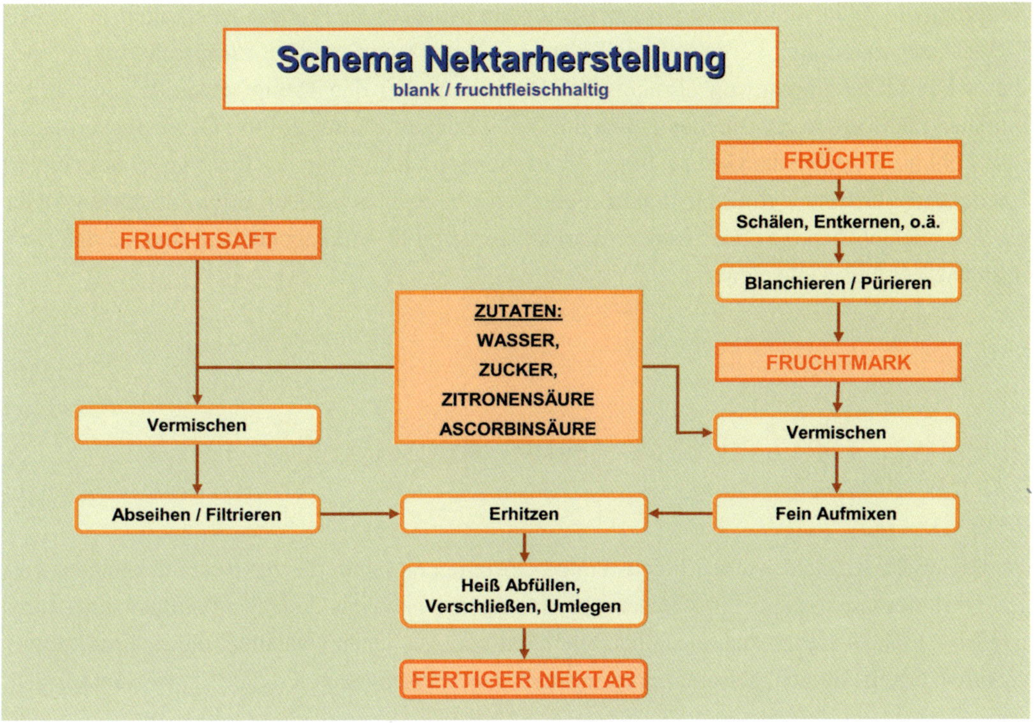

gesamte Fruchtfleisch zur Verarbeitung, ohne Verdünnung wäre das Mark nicht trinkfertig.

Früher verstand man unter „Nektar" ein Getränk, bei dem der gesamte essbare Anteil der Früchte enthalten sein musste. Diese Produkte waren somit ausschließlich fruchtfleischhaltig. Nach aktueller Definition kann Nektar durchaus klar sein. Ribisel-, Trauben- oder Weichselnektar beispielsweise kommt fast ausschließlich in Form von verdünntem klaren Saft in den Handel.

Nektar muss nicht fruchtfleischhaltig sein, er kann auch blank sein. Sehr intensiver oder zu stark gesüßter Nektar ist nicht immer für den „puren Genuss" geeignet, verdünnt ist er dann aber „Genuss pur".

Je nach Fruchtart sind im „Fruchtnektar" zwischen 25 und 50 % Mindestfruchtanteil vorgeschrieben. Gezielter Wasserzusatz mindert beim klassischen Nektar die Qualität des

Endproduktes nicht, sondern ist notwendig, um ein trinkfertiges Produkt zu erhalten.

Viele der traditionell hergestellten „Säfte“ aus dem Dampfentsafter entsprechen wohl eher dieser Definition als der von „Fruchtsaft“. Sie haben über den Dampf etwas Wasser aufgenommen und wurden anschließend etwa mit 300 g Zucker je Liter gesüßt. Diese Zuckermenge war wohl auch immer die Grenze, unter der es nie zum Gelieren in der Flasche gekommen ist. Für derartige Getränke gibt es in den heutigen Verordnungen keine Definition, sie dürfen weder als Saft noch als Nektar oder Sirup vermarktet werden. Für den Eigenbedarf sind sie natürlich nach wie vor bestens geeignet.

Welche Obstarten sind geeignet?

In den ersten Kapiteln wurden bereits einige Obstarten erwähnt, die zur Nektarherstellung verwendet werden können. Entscheidend ist das Aroma bzw. das Aussehen. Aroma- oder farbintensive Früchte eignen sich eigentlich alle recht gut. Aus jenen Obstarten, die sich nur schwer entsaften lassen, können meistens hervorragende fruchtfleischhaltige Produkte gewonnen werden.

blank	**fruchtfleischhaltig**
Heidelbeere	Birne
Himbeere	Erdbeere
Johannisbeere	Himbeere
Sauerkirsche	Marille
Weintraube	Pfirsich

Auswahl der Früchte

Die Auswahl der Früchte ist trotz Verdünnen und Zuckern von größter Bedeutung. Nur vollreife Früchte bringen ausreichend viel Aroma mit.

Vom Kernobst verarbeitet man hauptsächlich Birnen zu Nektar. Sie sollten hochreif, innen noch hell und saftig sein. Unreife Birnen führen zu einem eher neutralen Produkt. Teigige, überreife Birnen sollten nicht mehr verarbeitet werden. Letztere sind oft schon hochfärbig und haben einen dumpfen Geruch und Geschmack.

Bei Steinobst ist der richtige Verarbeitungszeitpunkt dann erreicht, wenn die Früchte bereits stark aufgeweicht sind, aber noch nicht dumpf oder faulig schmecken. Aus unreifen Marillen beispielsweise lässt sich kein leuchtend orangefarbener, vollfruchtiger Nektar herstellen. Die Schwierigkeit ist immer, ausreichend Früchte mit einheitlichem Reifegrad vorrätig zu haben.

Beerenobst wird mit nur wenigen Ausnahmen eher zu blankem, sehr farbintensivem Nektar verarbeitet. Ausgenommen davon ist die Erdbeere, eventuell noch Himbeere und Brombeere. Aus ihnen lassen sich auch aromaintensive fruchtfleischhaltige Getränke herstellen.

Heidelbeersaft, pur zu sauer, als Nektar ein Genuss

Wie stellt man klaren Nektar her?

Die Basis für die Gewinnung von blankem Nektar ist ein einigermaßen geklärter Saft. Einigermaßen deshalb, da im Haushalt im Normalfall niemand eine Trübung als qualitätsmindernd betrachtet. Die Trübung sollte allerdings nicht zu stark sein, was mit recht einfachen Mitteln auch erreicht werden kann.

Früchte wie Johannisbeeren, Weintrauben oder Weichseln kann man recht leicht entsaften und daraus einen blanken Nektar herstellen. Fast alle kennen wir diese Produkte, sprechen sie aber meistens als „Saft“ an, obwohl es sich um Nektar handelt. Ihre Gewinnung verläuft prinzipiell gleich der von blanken Fruchtsäften, der Zucker- und Säurezusatz gleich wie bei fruchtfleischhaltigem Nektar.

Großer Wert ist auf die Farbintensität des Rohsaftes zu legen. Sie ist entscheidend für die Farbe im Nektar. Denn auch nach dem Verdünnen wünschen wir uns ein farbintensives Getränk.

Wie stellt man fruchtfleischhaltigen Nektar her?

Früchte wie Marille, Pfirsich oder Birne lassen sich schwer entsaften. Sie verwendet man eher zur Herstellung fruchtfleischhaltiger Produkte. Die meisten Versuche, aus diesen Früchten zuerst Saft und daraus dann Nektar zu gewinnen, schlagen fehl. Nach dem Abfüllen eines derartig hergestellten Produktes trennt sich der wässrige Anteil in der Flasche rasch vom Fruchtmark und das Produkt wird unansehnlich.

Man kann die Flaschen zwar aufschütteln, im Glas trennen sich aber Trub und klarer Anteil wieder recht rasch. Man kann nur ein Fruchtmark oder ein Fruchtmus herstellen, welches dann mit Wasser verdünnt und mit Zucker trinkfertig gemacht wird.

Aber selbst da ist es schwierig zu verhindern, dass sich Trüb und Klar trennt. Am ehesten funktioniert es, wenn man die ungenießbaren Teile der Früchte (Kern, Stiel und Ähnliches)

Die einfache „Flotte Lotte" ist nach wie vor zum Passieren von Früchten weit verbreitet

entfernt, die Früchte grob zerkleinert und auf etwa 80 °C erhitzt. Anschließend zerkleinert man die Fruchtmasse am besten mit einem Stabmixer oder einem Mixer mit Saftaufsatz. Dabei muss man darauf achten, dass man nicht zu viel Luft in die Fruchtzubereitung bringt. Sie würde zum Aufschwimmen von Fruchtteilchen in der fertigen Flasche führen. Schmale und hohe Gefäße eignen sich daher besser zum Pürieren als breite und flache.

Wie wird Nektar trinkfertig gemacht?

Welche Zutaten braucht man dafür?

Wasser

Mit Wasser verdünnt man zu süßen oder zu sauren Ausgangssaft (oder Fruchtmark). Dazu darf man ausschließlich Trinkwasser verwenden. Der Anteil richtet sich nach dem Rezept oder nach der Berechnung.

Zucker

Meistens verwendet man zum Süßen von Nektar normalen Kristallzucker. Selbstverständlich kann man auch andere Zuckerformen wie Fruchtzucker oder Rohzucker u. a. nehmen. Zucker verleiht dem Getränk Fülle und intensiviert den Geschmack. Gleich wie beim Wasser richtet sich die zugesetzte Menge nach Rezept oder Berechnung. Bei der Berechnung des Zuckerzusatzes ist zu beachten, dass 1 kg Zucker nach dem Auflösen nicht mehr das Volumen von einem Liter einnimmt, sondern nur mehr 0,6 Liter.

Wie man aus der Tabelle von Seite 58 ersehen kann, liegt der Zuckerzusatz bei etwa 10 % des Fertigprodukts. Bei süßen Früchten mit hohem Fruchtanteil vielleicht etwas tiefer, bei Früchten mit wenig Zucker und niedrigem Fruchtanteil etwas höher.

Säure

Säuren verleihen eher süßen Getränken eine bekömmliche Frische. Die am häufigsten verwendete Säure in der Getränkeherstellung ist die Zitronensäure. Meistens wird sie in kristalliner Form zugesetzt. Zitronensaft als Ersatz für die Säure ist nur bei ganz geringen Zusatzmengen sinnvoll. Denn **Achtung:** Zitronensaft ist sehr geruchs- und geschmacksintensiv, größere Mengen stören im fertigen Produkt die Fruchtaromen.

Einem Liter Zitronensaft entsprechen etwa 50 g Säure. Wollen Sie etwa 2 g Säure zusetzen, so benötigt man dafür 20 / 50 = 0,04 l, das sind 4 cl Zitronensaft.

Bei säurearmen Früchten wie Birnen oder Pfirsichen hat sich ein Säurezusatz von 3 g / l Fertigprodukt bewährt. Obstarten mit säurereicheren Früchten benötigen eben entsprechend weniger bis gar keinen Säurezusatz.

Ascorbinsäure

Schon in sehr geringen Mengen verhindert Ascorbinsäure Bräunungen im Getränk. Ihr Zusatz ist vorwiegend bei fruchtfleischhaltigen Produkten sinnvoll, die zum Braunfärben neigen. Dazu zählen Pfirsich, Marille, Zwetschke, Birne und Erdbeere. Die üblichen verwendeten Mengen liegen zwischen 0,2 und 0,5 g / l. So kleine Mengen lassen sich nur schwer dosieren. Ein gestrichener Mokkalöffel entspricht etwa 1 g. Überdosierungen stellen aber kein Problem dar, da sie nicht schädlich sind.

Bei Früchten, die schon während des Verarbeitens zum Braunfärben neigen, kann Ascorbinsäure sofort nach dem Pürieren bzw. dem Feinzerkleinern zugesetzt werden, um Bräunungen schon während der Verarbeitung zu verhindern. Bei anderen Früchten reicht es aus, wenn sie erst kurz vor dem Abfüllen zugesetzt wird.

Man erhält Ascorbinsäure in Apotheken oder Reformhäusern, manchmal auch unter dem Begriff „Vitamin C". Bei der Saftherstellung steht die Farberhaltung im Vordergrund, die vitaminöse Wirkung ist von untergeordneter Bedeutung (Vitamin C verliert durch das Erhitzen viel von seiner Wirkung).

Der gezielte Zusatz von Wasser, Zucker und Zitronensäure führt bei manchen Säften nicht zur Qualitätsminderung, sondern ist notwendig, um ein harmonisch rundes Getränk zu erzielen.

Welche Gehalte sind anzustreben?

Bei Nektar versucht man einen Zuckergehalt zwischen 10 und 16 % zu erreichen. Je nachdem, ob dieser pur oder verdünnt konsumiert werden soll, vermehrt oder verringert man den Zuckerzusatz. In engem Zusammenhang mit dem Zuckergehalt steht der Säuregehalt. Um ein wohlschmeckendes Getränk zu erreichen, müssen Zucker- und Säuregehalt in einem bestimmten Verhältnis zueinander stehen. Viel Zucker verlangt gleichzeitig auch viel Säure und umgekehrt.

Praktisch liegt der Säuregehalt im Nektar zwischen 4 g / l bei wenig süßen Produkten oder höchstens 10 g / l bei sehr hohen Zuckergehalten. Das erklärt auch den geringen Fruchtgehalt im Ribiselnektar. Der natürliche Säuregehalt von etwa 30 g / l im Saft kann nur durch starkes Verdünnen auf etwa 8 g / l gesenkt werden.

Die folgende Tabelle zeigt gebräuchliche Fruchtgehalte und die daraus resultierenden Wasser- bzw. Zuckeranteile im Nektar, errechnet mit durchschnittlichen Zuckergehalten.

Übliche Zusammensetzung von Nektar in %

	Obstart	Fruchtanteil	Wasser	Zucker	Zitronensäure	Ascorbinsäure
fruchtfleischhaltig	Birne	50 %	etwa 40 %	etwa 10 %	3 g / l	0,3 g / l
	Marille	40 %	etwa 48 %	etwa 12 %	je nach Frucht 0–3 g / l	0,3 g / l
	Pfirsich	45 %	etwa 43 %	etwa 12 %	3 g / l	0,3 g / l
	Zwetschke	40 %	etwa 53 %	etwa 7 %	je nach Frucht 0–3 g / l	0,5 g / l
blank	Himbeere	45 %	etwa 43 %	etwa 12 %	eher nicht notwendig	eher nicht notwendig
	Ribisel	25 %	etwa 61 %	etwa 14 %	nicht nötig	nicht nötig
	Weichsel	35 %	etwa 53 %	etwa 12 %	nicht nötig	nicht nötig

Die Menge an zugesetztem Zucker ist bei sämtlichen Obstarten fast gleich, was vor allem durch Verdünnung des Fruchtzuckergehaltes und aus den nicht allzu großen Unterschieden im Zuckergehalt der Früchte resultiert. Zitronensäure und Ascorbinsäure haben prozentuell einen so geringen Anteil, dass sie hier gar nicht erfasst sind.

Berechnen der Zutaten

Ein einfaches Beispiel für Birnennektar

- 5 l Birnenmark reichen bei einem Fruchtanteil von 50 % für (5 / 0,5 =) 10 l Nektar (das entspricht etwa 10 kg)
- Der Zuckerzusatz beträgt 10 % der Menge Fertigprodukt (10 % von 10 kg =) 1 kg Zucker
- Der Säurezusatz beträgt 3 g / l Fertigprodukt und daher (3 x 10 =) 30 g
- Ascorbinsäure (für die Farbechtheit) – wer sie verwenden möchte – (10 l x 0,3 g / l =) 3 g
- Wasser, damit wird das gezuckerte und gesäuerte Fruchtmark auf 10 l aufgefüllt.

Mischen und Abfüllen

Am leichtesten ist es, den Saft oder das Mark in einem Maßbehältnis vorzubereiten. Bei farbempfindlichen Produkten soll jetzt schon die Ascorbinsäure zugesetzt werden. Parallel dazu löst man in einer geringen Menge Wasser den Zucker und die Zitronensäure auf. Das kann ruhig mit Heißwasser geschehen, damit sich der Zucker leichter löst. Diese Zucker-Säure-Lösung vermischt man mit dem Fruchtmark, füllt mit Wasser auf die errechnete Menge auf und erwärmt alles unter gelegentlichem Rühren in einem geeigneten Gebinde. Bei einer Temperatur von etwa 80 °C füllt man dann heiß in die vorbereiteten Flaschen ab, verschließt diese und legt sie für einige Minuten um, sodass der Verschluss mit dem heißen Nektar in Berührung kommt.

Am Beispiel von Birnennektar

- 5 l Birnenmark in einem Maßbehältnis vorbereiten
- (eventuell jetzt schon die Ascorbinsäure dem Mark zugeben)
- Zucker und Zitronensäure in ungefähr 2 Liter Wasser auflösen und unter das Birnenmark mischen
- mit Wasser auf die errechneten 10 l auffüllen und anschließend erwärmen
- kurz bevor die 80 °C erreicht sind, die Ascorbinsäure einrühren (wenn das noch nicht geschehen ist)
- in Flaschen abfüllen
- verschließen und umlegen.

Birnen schälen
und wiegen ...

und fein zerkleinert
aufkochen.

Zucker, Zitronensäure
und Ascorbinsäure
zusetzen.

Anschließend mit dem Mixstab pürieren, ...

den füllfertigen Nektar nochmals erhitzen und ...

mit etwa 80 °C abfüllen, Flasche verschließen und umlegen.

Wie macht's der industrielle Betrieb?

Wenn Sie heute im Supermarkt einen Nektar kaufen, so wurde dieser im Grunde genommen genau nach den gleichen Verarbeitungsschritten wie der selbst gemachte Nektar bei uns zu Hause hergestellt. Die Basis für blanken Nektar ist geklärter Fruchtsaft.

Viele der ganz großen Betriebe verwenden an Stelle des frischen Safts Fruchtsaftkonzentrat. Dieses wird entweder selbst hergestellt oder zugekauft. Um ein solches Konzentrat zu gewinnen, wird dem frisch gepressten Saft mit ganz speziellen Geräten unter Vakuumbedingungen so lange Wasser entzogen, bis er auf etwa ein Sechstel seines Volumens eingedickt ist. Man spricht dann von „Konzentrat“, das deutlich dunkler als der Saft ist und eine dickflüssige, sirupartige Konsistenz hat. Ähnlich wie Sirup oder Honig ist dieses Konzentrat gut haltbar, wird aber kühl gelagert, um Aromaverluste zu verringern. Die Betriebe erreichen damit höhere Lagerkapazitäten, da sie beispielsweise 6000 l Saft in einem 1000-l-Behälter lagern können, um dann durch Rückverdünnen mit Trinkwasser daraus wieder 6000 l Saft mit 100 Prozent Fruchtanteil herstellen zu können. Außerdem ist es ihnen dadurch möglich, die Abfüllung über einen längeren Zeitraum gleichmäßig zu verteilen oder Jahre mit einer schlechten Obsternte durch Lagerreserven auszugleichen. Um es dem Konsumenten zu ermöglichen, diese Säfte im Handel erkennen zu können, ist der Hinweis „aus Konzentrat“ verpflichtend am Etikett eines solchen Saftes oder Nektars anzubringen.

Fruchtfleischhaltiger Nektar wird aus Fruchtmark hergestellt. Wie beim Konzentrat stellen manche Betriebe das Fruchtmark selbst her, andere kaufen es zu. Die Herstellung des Marks im großen Betrieb erfolgt ganz ähnlich wie bei uns in der Küche. Die angelieferten Früchte werden gereinigt, sortiert und anschließend blanchiert. Mit dem raschen Erhitzen auf mindestens 80 °C verringert man die Anzahl an Mikroorganismen, verlangsamt Bräunungsreaktionen und macht die Frucht weich. Nach dem Blanchieren durchlaufen die Früchte eine Passiermaschine, eine Art sehr großer „Flotte Lotte“. Diese trennt Stängel, Hautteile und noch feste Fruchtteile ab und zerkleinert die weichen Fruchtteile zu Fruchtmark. Häufig findet man zweistufige Passieranlagen mit einer groben ersten Stufe und einer zweiten Maschine mit einem feineren Siebeinsatz bzw. einer Nachputzmaschine, um bei der Steinobstverarbeitung die letzten Fruchtfleischteile von den Steinen zu entfernen. Um Aromaverluste zu vermeiden, ist das Fruchtmark nach dem Passieren mit Hilfe eines Röhrenkühlers abzukühlen. Sowohl Fruchtmark als auch Fruchtsaft werden in eigenen Mischbehältern mit Wasser, Zucker und eventuell Säure versetzt, um sie trinkfertig zu machen, und anschließend entweder in Flaschen oder Kartonverpackungen abgefüllt. Die Haltbarmachung von industriell hergestelltem Nektar erfolgt fast ausschließlich durch Erhitzen, chemische Haltbarmachung ist nicht gestattet.

Wovon hängt die Qualität ab?

Qualität – ein häufig gebrauchtes Wort. Seit einigen Jahrzehnten diskutiert man über diesen Begriff, aber was sagt er letztendlich aus? Viele Definitionen sind genauso unterschiedlich wie ihre Herkunft.

Als Produzent von Sirup und Nektar definiere ich Qualität nach folgenden Kriterien:

- Aussehen
- Intensität
- Haltbarkeit
- Reproduzierbarkeit
- Erfüllen der rechtlichen Auflagen

Aussehen

Farbe

Von Sirup oder Nektar erwartet man sich eine arttypische und intensive Ausfärbung. Intensive Farben werden häufig mit hoher Qualität gleichgesetzt. Sobald Sie sich selbst mit dem Einkochen beschäftigen, werden Sie feststellen, dass es bei manchen farbenfrohen Früchten gar nicht so leicht ist, die Farbe der Frucht in einen Sirup überzuführen und dort über mehrere Monate hindurch zu erhalten. Sofern keine farbgebenden Zusätze erfolgen, ist die Auswahl der Früchte für die Farbe des Fertigproduktes von sehr großer Bedeutung. Farbintensive Früchte eignen sich besonders gut zur Herstellung von Fruchtnektar oder -sirup. Bei Blüten und

Mögliches Farbenspiel bei Kräutersirup

Kräutersirup ist es noch schwieriger, eine intensive Farbe zu erhalten. Kalt angesetzte Blüten oder Kräuter färben sich bestenfalls leicht gelblich, pürierte Pflanzenteile bringen zwar eine grüne Färbung, die fein gemahlenen Blätter lassen sich aber fast nicht abseihen und bilden im fertigen Sirup auf der Oberfläche einen grünen Rand.

Viele rote Farbstoffe sind bei tieferem pH-Wert heller und stabiler. Ein Zusatz von Zitronensäure senkt den pH-Wert ab und bewirkt dadurch meistens eine leichte Aufhellung der Farbe. Bei roten, nicht sauren Früchten ist es daher sinnvoll, Zitronensaft oder -säure zuzusetzen.

Neben dem Säuregehalt (pH-Wert) wirkt sich auch der Zuckergehalt auf die Farbstabilität aus. Ein hoher Zuckergehalt wirkt sich stabilisierend auf die Farbe aus. Je mehr Zucker in einem Sirup enthalten ist, umso langsamer finden viele Bräunungsreaktionen statt. Die Auswirkung vom Zuckergehalt auf die Fruchtigkeit im Geschmack wird im nächsten Kapitel dargelegt.

Ein Zusatz von Ascorbinsäure zur Verhinderung von Bräunungen bringt nur bei rotfarbigen Produkten etwas. Bräunungen von Blüten- oder Kräutersirupen kann sie nicht verhindern. Wesentlich für die Wirkung von Ascorbinsäure auf die Farbstabilität ist, dass nach dem Zusatz kein Kochprozess mehr stattfindet. Setzen Sie Ascorbinsäure daher nur dem Sirup zu, der anschließend nicht mehr erhitzt wird. Je länger die Hitzeeinwirkung, desto größer der Verlust an Farbe und Fruchtigkeit. Je kürzer die Kochzeit, desto fruchtiger und frischer in der Farbe ist das Fertigprodukt.

Mitendscheidend für die Farbstabilität von Fruchtsirup ist die lichtgeschützte Lagerung. Flaschen, die unmittelbar dem Licht ausgesetzt sind, verlieren deutlich rascher ihre frische Farbe. Bewahren Sie die Sirup- und Nektarflaschen daher immer in dunklen Lagerräumen oder im Keller auf!

Klarheit

Im Haushalt hat man nicht die Möglichkeit zu filtrieren, hier werden leichte Trübungen durchaus toleriert. Mit Hilfe von Mulltüchern, Teesäckchen oder sogar Windeln lassen sich aber auch mit einfachen Mitteln die gröbsten Trübungen entfernen.

Für den Verkauf hergestellter Sirup sollte eigentlich ein klares Produkt sein. Gezuckerte Produkte lassen sich nicht mehr leicht durch einen Filter drücken. Versuchen Sie daher Ansätze vor dem Zuckerzusatz zu filtrieren, der Zucker bringt keine Trübungen mehr mit sich.

Denken Sie daran: das Auge isst (trinkt) mit!

Intensität von Geruch und Geschmack

Ein wesentlicher Aspekt für die Intensität eines Sirups oder Nektars sind die ausgewählten Rohstoffe und ihr Anteil im fertigen Produkt. Nur reife und gesunde Früchte, intensive Kräuter und Blüten bringen ausreichend viele Aromen mit ins Saftglas. Daneben ist die Menge zugesetzten Zuckers für den Geschmack entscheidend.

Beim Nektar ist der Fruchtanteil für die Ausprägung der Fruchtaromen im Fertigprodukt ausschlaggebend. Je höher der Fruchtanteil, umso intensiver wird Nektar sein. Es ist daher ein möglichst hoher Fruchtanteil anzustreben, der durch richtig dosierte Zutatenmengen ein harmonisches Getränk ermöglicht.

Bei Sirup muss zwischen Fruchtsirup und Kräuter- / Blütensirup unterschieden werden. Bei Fruchtsirup gilt, dass ein sehr hoher Zuckergehalt (zum Beispiel 60 %) nur mehr für einen geringen Fruchtgehalt (hier 40 %) Platz lässt. Ein niedrigerer Zuckergehalt ermöglicht somit einen höheren Fruchtsaftanteil und damit eine höhere Intensität. Weniger Zucker bedeutet aber (siehe Seite 72) Schwierigkeiten mit der Haltbarkeit. Um diese zu gewährleisten, gibt es für Verkäufer auch die Vorschrift von einem Mindestgehalt (55 %, in manchen Ländern 60 %) an Trockensubstanz im Sirup. Selbstversorger können den Zuckergehalt reduzieren, nehmen damit aber Einbußen in der Haltbarkeit in Kauf. Da aber Haltbarkeit einen zentraleren Punkt bei der Herstellung von Sirup – sowohl für den Verkauf als auch für den Eigenbedarf – darstellt, akzeptiert man eher einen geringeren Fruchtgehalt.

Bei Kräuter- oder Blütensirup kann durch eine Erhöhung der Zugabemenge im Ansatz die Intensität so weit erhöht werden, dass auch bei einer starken Verdünnung der gewollte Geschmack erhalten bleibt.

Sorgsam sollten sie im Umgang mit Gewürzen sein. Diese sollen den Geschmack im Sirup lediglich unterstreichen und dürfen keinesfalls dominieren. Setzen Sie Gewürze oder sonstige geschmacksgebende Stoffe nur nach Vorproben zu und notieren Sie diese im Herstellungsprotokoll. Sollten Sie mit dem Ergebnis nicht zufrieden sein, kann dieser Fehler bei der nächsten Charge oder im nächsten Jahr vermieden werden.

Wärmebelastung

Bei vielen Produktionsverfahren erleichtert ein Erhitzungsschritt das Auflösen des Zuckers. Doch je höher die Temperatur, umso größer sind auch die Verluste an frischer Farbe und an Fruchtigkeit. Deshalb ist eine extreme Hitzeeinwirkung auf den Sirup zu vermeiden. Die meisten Sirupe verlieren deutlich an Intensität durch Erhitzung, noch mehr durch Kochen. Agieren sie daher vorsichtig am Herd, „totgekochte“ Aromen kommen nicht wieder.

> Auch bei bestmöglicher Verarbeitung können Sie nur das aus einer Frucht herausholen, was drinnen ist. Im Zuge der Verarbeitung können Aromen nur verloren gehen, mehr können es nicht werden. Die Auswahl bester Rohstoffe ist daher für höchste Produktqualität eine Notwendigkeit.

Haltbarkeit

Große Bedeutung bei Sirup und Nektar hat die Haltbarkeit. Nicht nur, dass verdorbene Produkte vergebene Mühe darstellen; sie könnten auch gesundheitsschädlich sein. Mit der Herstellung, die mitunter sehr aufwändig sein kann, verbindet man eine gewisse Erwartungshaltung.

Man erwartet, dass man das Produkt bedenkenlos bis zu einem Jahr aufbewahren und konsumieren kann. Ist das nicht möglich, weil Sirup oder Nektar schon vor dem Genuss verdorben sind, so ist man berechtigterweise enttäuscht. Verdorbene Getränke sind ein Zeichen geringer Qualität. Wie man Haltbarkeit problemlos erreichen kann, ist auf Seite 69 ff näher beschrieben.

Qualitätssicherung

An sich soll jedes selbst erzeugte Produkt, das geschmeckt hat, im nächsten Jahr wieder so gelingen (oder vielleicht sogar besser werden). Um das zu gewährleisten, muss man Aufzeichnungen über die Zutaten und die Art der Herstellung führen.

Natürlich gibt es zum Einkochen Rezepte, aber einige Abänderungen können dem Einzelnen höchsten Genuss bringen, und gerade diese Veränderungen des Rezeptes müssen protokolliert werden. Andernfalls sind im nächsten Jahr die Kreationen des Vorjahres bereits Geschichte.

Bei einer Rezeptsammlung wie in einem Buch können Sie diese Änderungen auch direkt beim Rezept dazuschreiben. Hersteller größerer Mengen bevorzugen ein Herstellungsprotokoll, in dem die Einzelheiten der Herstellung festgehalten werden. Alle Vermarkter von Sirup sollten dieses Protokoll in Hinblick auf die Vorschriften der Hygieneverordnung führen.

Diese Aufzeichnungen sollen geführt werden,

- um eine gleich bleibende hohe Qualität der jeweiligen Produkte zu sichern;
- um die Ursache eines Fehlers eventuell im Nachhinein herauszufinden;
- um Richtlinien der Lebensmittelhygieneverordnung nachweislich zu erfüllen;
- um generell der Sorgfaltspflicht gegenüber dem Kunden nachzukommen;
- um bei Beanstandungen den Beweis einer ordnungsgemäßen Produktion mittels lückenloser Dokumentation antreten zu können.

Qualitätssicherung bei den Herstellern von Sirup und Nektar bedeutet, dass man ihre Getränke vor Ablauf der Mindesthaltbarkeit bedenkenlos und mit vollem Fruchtgenuss konsumieren kann. Also attraktives Aussehen kombiniert mit intensivem Geschmack, und das jedes Jahr.

Haltbarkeit von Sirup und Nektar

Wie lange haltbar?

Beide Erzeugnisse sind bei richtiger Herstellung an sich über mehrere Jahre haltbar, ohne dass sie komplett verderben. Nur bewirken Reaktionen mit Sauerstoff und auch enzymatisch bedingte Veränderungen der Inhaltsstoffe, dass sich Fruchtigkeit und Farbe mit jedem Tag mehr verändern. Vergleichen Sie doch ein Produkt vom Vorjahr mit einem frischen. Der Verlust von Farbe und Aroma kann auch durch dunkle und kühle Lagerung nicht verhindert werden. Obwohl trotz der blassen Farbe und des fahlen Aromas mehrjährig gelagerter Nektar und Sirup genossen werden kann, werden wir einen frischen farb- und aromaintensiven Nektar oder Sirup bevorzugen.

Ein Verderb durch Mikroorganismen ist bei richtiger Herstellungsweise auch nach monatelanger Lagerung nicht möglich. Sollte doch einmal in einer Flasche ein Schimmelrasen wachsen oder eine Gärung auftreten, so hat sich ziemlich sicher ein Fehler bei der Produktion eingeschlichen.

Wodurch haltbar?

Eine unbegrenzte Haltbarkeit von Lebensmitteln ist nicht erreichbar. Wenn aber die entscheidenden Punkte beachtet und eingehalten werden, lässt sich zumindest vorzeitiges Verderben verhindern.

Vor allem jene LeidenskollegInnen, die bereits ihren Vorratsschrank von den durchaus klebrigen Resten einer zersprungenen Sirupflasche gereinigt haben, werden diesem Kapitel große Beachtung schenken.

Haltbarkeit durch Heißfüllung

Die Heißfüllung ist die gängigste Art des Haltbarmachens von stillen – also nicht kohlensäurehaltigen – Getränken. Sie erfolgt bei Temperaturen deutlich unter 100 °C und gehört damit zu den Verfahren, die als Pasteurisation bezeichnet werden. Durch das Erwärmen werden jene Keime inaktiviert, die später den Verderb verursachen könnten.

Wenn Sie Nektar oder Sirup kalt (bei Zimmertemperatur) in die Flaschen füllen, führen schädliche Keime von der Frucht, von den verwendeten Geräten oder aus den Flaschen rasch zur Gärung oder Schimmelbildung. Beim Heißfüllen kann das nicht so leicht passieren, denn dabei verfolgt man mehrere Ziele.

Die Heißfüllung

- tötet Mikroorganismen aus dem Getränk ab,
- tötet Mikroorganismen in der Flasche ab,
- inaktiviert Enzyme aus dem Obst.

Sowohl Nektar als auch Sirup werden im Normalfall heiß abgefüllt. Zum Haltbarmachen von Nektar ist eine Temperatur von ungefähr 80 °C über etwa 5 Minuten ausreichend. Sirup ist durch den hohen Zuckergehalt zusätzlich gegen Verderb geschützt, trotzdem werden Fülltemperaturen um 80 °C empfohlen. Zum Messen der Temperatur verwendet man geeignete Thermometer. Ältere Modelle sind noch mit einer Flüssigkeitssäule ausgestattet, neuere verfügen über eine digitale Anzeige.

Nach dem Befüllen sind die Flaschen sofort zu verschließen und umzulegen. Damit gelangt die heiße Flüssigkeit mit dem Verschluss in Berührung und inaktiviert darauf befindliche schädliche Mikroorganismen. Geschieht das nicht, können innen am Verschluss anhaftende Keime zum Verderb führen.

Obwohl Mikroorganismen sehr empfindlich auf hohe Temperaturen reagieren, sterben sie nicht plötzlich bei Überschreiten einer bestimmten Temperatur ab. Höhe der Temperatur und

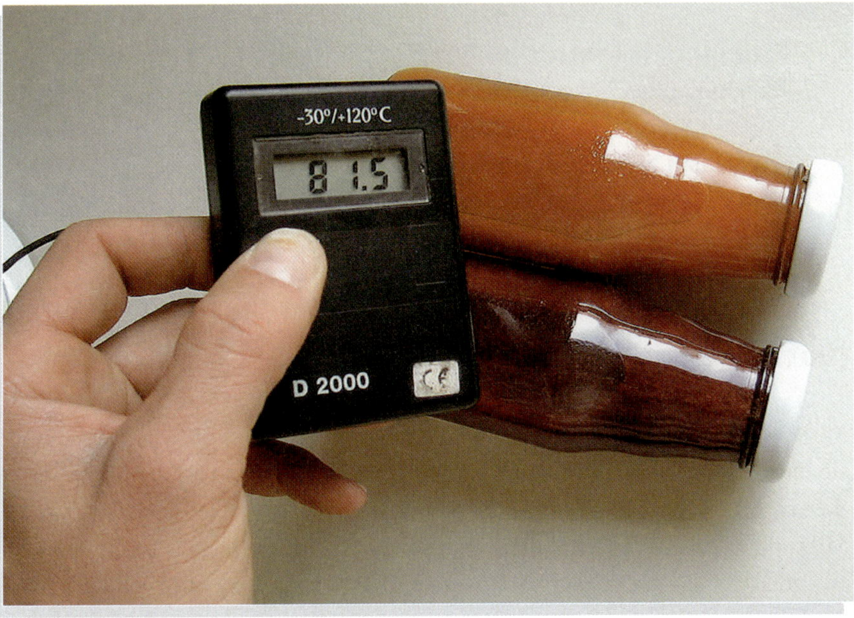

*Abfüll-
temperatur
etwa 80 °C*

Heißhaltezeit bestimmen das Ausmaß der Inaktivierung. Je höher die Temperatur und je länger diese gehalten wird, umso mehr Mikroorganismen werden abgetötet. Man kann es sich sozusagen aussuchen, ob man sehr lange auf Temperaturen im Bereich von 60 °C erhitzt oder für wenige Minuten auf 80 °C. Der Effekt für die Haltbarkeit ist der gleiche, nur ist die thermische Belastung und damit die Verminderung von Frische und Fruchtigkeit bei der lang erhitzten Variante deutlich stärker.

Mit dem Erhitzen auf etwa 80 °C werden auch Enzyme verändert und inaktiviert. Sie würden nur den Abbau von Farbe und Aroma beschleunigen und bei fruchtfleischhaltigen Produkten zum raschen Absinken der Trubstoffe führen. Sie haben im fertigen Nektar oder Sirup keine qualitätsfördernde oder ernährungsphysiologisch positive Wirkung. Ganz im Gegenteil, die Inaktivierung der Enzyme ist für eine monatelange Haltbarkeit unumgänglich.

Ein Sterilisieren der Gebinde vor dem Abfüllen ist daher bei sorgfältiger Reinigung und exakt durchgeführter Heißfüllung nicht notwendig. Flaschen oder Verschlüsse müssen also vor dem Abfüllen weder ausgekocht, sterilisiert oder sonst in irgendeiner Form keimfrei gemacht werden. Sie müssen optisch sauber und frei von Staub sein. Die keimtötende Funktion übernimmt der heiße Saft.

Wesentlich bei der Heißfüllung ist:

- kurze Zeit auf höhere Temperaturen erhitzen ist besser als lange Zeit auf weniger hohe Temperatur,
- Sirup und Nektar müssen heiß abgefüllt werden,
- die Flaschen sind sofort nach dem Befüllen dicht zu verschließen und umzulegen.

Haltbarkeit durch hohen Zuckergehalt

Mirkoorganismen benötigen wie alle Lebewesen Wasser zum Überleben. Neben Wasser finden sie in Fruchtsäften auch andere notwendige Nährstoffe wie Säuren, Mineralstoffe oder Eiweiß. Nektar oder schwach gezuckerter Fruchtsirup stellt somit einen sehr guten Nährboden für Mikroorganismen dar. Bei allen anderen Nährstoffen reichen sehr geringe Mengen für ihre Vermehrung aus. Nicht aber beim Wasser, es ist für alles Leben, also auch für Mikroorganismen der begrenzende Faktor.

Entscheidend ist die Menge an verfügbarem Wasser. Stoffe wie Salz oder Zucker im Lebensmittel binden Wasser an sich. Je mehr Zucker oder Salz im Lebensmittel enthalten ist, umso weniger Wasser ist frei verfügbar. Mikroorganismen müssen sehr viel Energie aufwenden, um zu Wasser zu kommen. Bei einem Zuckergehalt von etwa 60 % ist es für Mikroorganismen fast nicht mehr möglich, an das lebensnotwendige Wasser zu gelangen, sie können sich nicht vermehren.

Je mehr Zucker in einem Nahrungsmittel enthalten ist, umso besser ist es gegen mikrobiellen Verderb geschützt.

Im Nektar ist zu wenig Zucker, als dass dieser konservierend wirken könnte. Anders ist das beim Sirup. Er hat bereits einen so hohen Zuckergehalt, dass nur noch wenige Mikroorganismen darin überleben können.

Damit Sirup auch in geöffnetem Gebinde noch einige Zeit haltbar bleibt, sind vom Gesetzgeber Mindestwerte für den Zuckergehalt vorgeschrieben. Der vorgeschriebene Mindestzuckergehalt liegt in Österreich bei 55 %.

Wie kann man den Zuckergehalt messen?

Zum Bestimmen des Zuckergehalts finden in der Praxis zwei Geräte Verwendung. Beide eignen sich recht gut, um in mehr oder weniger süßen Säften den Zuckergehalt messen zu können. Gemessen werden mit beiden Geräten die Prozente an Trockensubstanz, sie sind letztendlich für die Haltbarkeit ausschlaggebend.

Trockensubstanz – Gesamtzuckergehalt

Als Trockensubstanz bezeichnet man alle Inhaltsstoffe einer Flüssigkeit, die nach Abdampfen des Wassers noch vorhanden sind. Der Großteil davon wird von Zucker und nur in geringerem Umfang von Säuren und Mineralstoffen und anderen Substanzen gebildet. Häufig wird daher der Trockensubstanzgehalt mit dem Gesamtzuckergehalt gleichgesetzt. Ein Aufzuckern von Säften bewirkt eine direkte Erhöhung des Trockensubstanzgehaltes. Als Einheit für die Trockensubstanz gilt Brix, ein Brix entspricht 1 % Trockensubstanz (oder 10 g Zucker je kg.)

So hat eine Frucht mit 10 % Feststoff- und 90 % Wassergehalt einen Trockensubstanzgehalt von 10 % oder man sagt auch 10 Brix.

Refraktometer

Wenn Sie mit diesem Gerät messen, müssen wenige Tropfen von möglichst klarem Sirup auf dem Prisma des Refraktometers verstrichen werden. Nach dem Schließen der Prismenklappe schaut man durch das Gerät zu einer Lichtquelle. Im Sichtfeld ist – teilweise im Schatten – eine Skala zu sehen. Auf ihr ist an der Grenze zwischen Licht und Schatten der Gehalt an Trockensubstanz abzulesen. Befinden sich Feststoffe (Trubstoffe, Fruchtstücke oder Ähnliches) oder Luftblasen zwischen Deckel und Prisma, ist die Licht-Schatten-Grenze nur verschwommen auszumachen. Eine exakte Ablesung ist nur bei einer scharfen Trennlinie möglich. Schwierigkeiten bei der Ablesung bereitet auch sehr dunkler Sirup (z. B. aus Holunderbeeren). Bei diesen braucht es etwas Übung, um einen genauen Wert zu bestimmen. Der Messbereich ist je nach Gerät unterschiedlich, die Auswahl des Gerätes daher nach dem gewünschten Messbereich zu richten. Üblicherweise verwendet man Refraktometer mit einer Skalierung von 0 bis 45 Brix bei der Nektar- und 45 bis 80 Brix bei der Siruphersteilung. Die Bestimmung mit dem Refraktometer erfolgt üblicherweise bei 20 °C. Nahezu alle Refraktometer haben ihre größte Genauigkeit bei dieser Messtemperatur. Mit steigender Temperatur sinkt die Dichte im

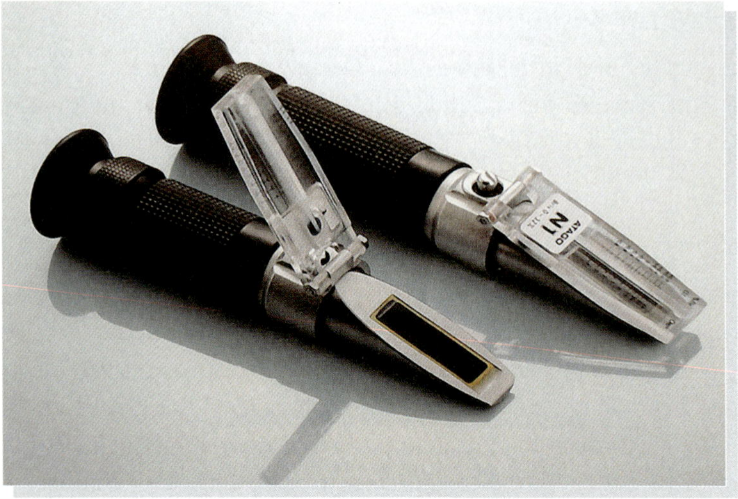

Refraktometer zur Bestimmung der Trockensubstanz

Produkt, der Messwert stimmt nicht mehr. Der erfahrene Getränkehersteller misst die Brix daher vor dem Erhitzen oder nach dem Abkühlen.

Extrakt- oder Zuckerspindel

Die Extrakt- oder Zuckerspindel funktioniert nach dem Prinzip der Senkwaagen. Die Dichte der Flüssigkeit ergibt sich aus der Menge der im Wasser gelösten Inhaltsstoffe und bestimmt die Eintauchtiefe des Glaskörpers. Mehr gelöste Stoffe bedeuten höhere Dichte und damit mehr Auftrieb und geringere Eintauchtiefe. Mit der Senkwaage wird das spezifische Gewicht einer Flüssigkeit gemessen. Die zu untersuchende Flüssigkeit soll gut durchmischt und frei von Feststoffen sein. Möglicherweise muss die Flüssigkeit vorher filtriert werden. Die Messspindeln sind üblicherweise auf eine Probentemperatur von 20 °C geeicht. Abweichungen haben deutlichen Einfluss auf die Qualität des Messergebnisses.

Die Ablesung erfolgt auf der an der Spindel angebrachten Skala. Nach dem Gebrauch sind daher Spindel und Messgefäß gründlich mit Wasser zu spülen und zu reinigen.

Bei der Herstellung von Sirup für den Eigenbedarf ist eine exakte Bestimmung des Trockensubstanzgehaltes nicht notwendig. Wichtig ist es lediglich, diesen Wert in etwa abschätzen und damit einen Rückschluss auf die Haltbarkeit ziehen zu können.

Richtwerte für den Trockensubstanzgehalt je nach Rezeptur; für den Fruchtsaft gilt hier ein Durchschnittswert von 10 Brix, Kräuter- oder Blütenauszüge enthalten von Natur aus so gut wie keinen Zucker.

Rezept		**Brix**	**Haltbarkeit nach dem Öffnen**
1 l Fruchtsaft	1,5 kg Zucker	etwa 64	gut haltbar
1 l Kräuter- oder Blütenauszug	1,5 kg Zucker	etwa 60	
1 l Fruchtsaft	1 kg Zucker	etwa 55	bedingt haltbar
1 l Kräuter- oder Blütenauszug	1 kg Zucker	etwa 50	
1 l Fruchtsaft	0,5 kg Zucker	etwa 40	nur kurz haltbar
1 l Kräuter- oder Blütenauszug	0,5 kg Zucker	etwa 33	

Zähflüssige Süßungsmittel bestehen nicht nur aus Trockensubstanz. 1 kg Honig weist etwa einen Zuckergehalt von 80 % auf und kann daher nicht mit 1 kg Zucker gleichgesetzt werden. Gleiches gilt für Ahorn-, Apfel- oder Birnensirup. Das Gemisch aus 1 l Wasser und 1 kg Honig hat demnach nur etwa 40 % Trockensubstanz, zu wenig um den Anforderungen zu entsprechen. Zähflüssige Zuckeraustauschstoffe sind daher nicht gut geeignet, um Sirup herzustellen. Mit ihnen kann der erwünschte Trockensubstanzgehalt nur mit sehr hohen Dosierungen erreicht werden. Pulverförmige Zuckeraustauschstoffe wie etwa Sorbit haben keinen Wasseranteil, 1 kg Sorbit entspricht 1 kg Trockensubstanz.

Haltbarkeit durch chemische Konservierung

Der Begriff „Chemische Konservierung“ vermittelt uns schon allein im Klang das Gefühl des Ungesunden. In einer Zeit, in der viele auf Gesundheit und bewusste Ernährung Wert legen, erscheint diese Form der Konservierung als nicht mehr ganz zeitgemäß. Und doch hat sie bei speziellen Produkten noch immer gewisse Bedeutung. Auch bei Profis in der

Einsiedehilfe ist nichts anderes als eine Form der chemischen Konservierung

Ernährungslehre spaltet der Zusatz von Konservierungsmitteln die Lager. Während die einen behaupten, diese könnten Allergien auslösen, sprechen die anderen von völliger Unbedenklichkeit.

Die chemische Konservierung von Nektar oder Sirup ist bei Produkten für den Verkauf nicht gestattet. Man findet sie nur bei Rezepten für den Eigenbedarf. Die chemische Konservierung ist ein Thema für all jene, die ihren Sirup so zuckersparend herstellen, dass die Haltbarkeit nach dem Öffnen nicht mehr gegeben ist. Und das ist klar: chemisch konserviert sind auch zuckerarme Produkte über einen längeren Zeitraum haltbar.

Vielen ist nicht bekannt, dass es sich bei der allseits bekannten Einsiedehilfe um nichts anderes als um ein chemisches Konservierungsmittel handelt. Sie findet sich in vielen Rezepten und wird daher oft eingesetzt. Einsiedehilfe kommt entweder als reine Benzoesäure oder als ein Gemisch mit Sorbinsäure in den Handel, beides Säuren, die auch natürlich in Früchten vorkommen. Über richtigen Einsatz und Aufwandmenge des jeweiligen Mittels gibt die Anwendervorschrift Auskunft.

Einsiedehilfe ist nichts anderes als ein chemisches Konservierungsmittel.

Die Verwendung von Konservierungsmitteln bzw. von Einkochhilfen, die diese enthalten, ist aber auch bei zuckerarmen Erzeugnissen nicht unbedingt notwendig. Durch die Heißfüllung sind normalerweise keine keimfähigen Mikroorganismen mehr in der Flasche, das Getränk ist damit haltbar. Zuckerreicher Sirup (mit 60 % Zucker oder mehr) ist auch nach dem Öffnen der Flasche noch längere Zeit haltbar. Anders ist es bei Nektar und weniger stark gezuckertem Sirup. Nach dem Öffnen müssen diese Produkte kühl gelagert und rasch ausgetrunken werden.

Für die meisten Arten von Nektar oder Sirup ist die Heißfüllung entscheidend für die Haltbarkeit. Damit inaktiviert man alle Verderbniserreger (Schimmel und Hefen), die von der Frucht stammen, und jene Keime aus Flasche und am Verschluss. Erst nach dem Öffnen gelangen erneut Keime ins Glas. Bei ausreichend hoher Trockensubstanz (über 60 %) stellt auch das kein Haltbarkeitsproblem dar. Liegt der Wert darunter, muss die angebrochene Flasche zumindest im Kühlschrank gelagert werden, um vor allzu raschem Verderb geschützt zu sein. Je geringer der Gehalt an Trockensubstanz, umso begrenzter ist diese Lagerfähigkeit. Nur chemisch konservierte Erzeugnisse sind nahezu unabhängig von Trockensubstanzgehalt und Lagertemperatur haltbar.

Welche Fehler können auftreten?

Als fehlerhaft bezeichnen wir Nektar oder Sirup dann, wenn sich negative Veränderungen in Geruch, Geschmack, Aussehen und Verwendbarkeit einstellen. Die Ursachen dafür sind unterschiedlichst. Sollte es Ihnen passieren, dass der Inhalt einer oder mehrerer Flaschen verdirbt, so forschen Sie genau nach dem Grund. In den meisten Fällen lässt sich die Ursache dafür recht rasch finden. Die folgenden Kapitel sollen Ihnen dabei eine Hilfestellung bieten.

Schimmelbildung – Wie kommt es dazu?

Sirupflaschen aus eigener Produktion mit Schimmel findet man leider häufiger als notwendig. Zum Eruieren der Ursache muss zwischen Schimmelbildung vor dem Öffnen und Schimmelbildung nach dem Öffnen der Flasche unterschieden werden.

Heiß gefüllte Getränke müssten bis zum ersten Öffnen der Flasche durch die Einwirkung der Hitze haltbar sein. Die Ausbildung eines Schimmelrasens in der verschlossenen Flasche ist ein Hinweis auf zu niedrige Abfülltemperatur oder auf unzureichende Deckelsterilisation. Schlecht verschlossene Flaschen oder undichte Verschlüsse ermöglichen ebenfalls ein Eindringen der Schimmelsporen und damit den Verderb.

Schimmelbildung auf der Oberfläche des Flascheninhalts nach dem Öffnen kann durch gekühlte Lagerung verzögert oder durch einen höheren Zuckergehalt verhindert werden.

Nektar muss nach dem Öffnen rasch verbraucht werden, noch bevor er zu schimmeln beginnen kann. Eine geöffnete Nektarflasche ist einer Infektion durch Umgebungsluft im Prinzip

Schimmelbildung an der Oberfläche eines Weichselnektars

schutzlos ausgeliefert und verdirbt normalerweise innerhalb weniger Tage. Im Kühlschrank sind Flaschen mit bis zu einem Liter Inhalt bis zu einer Woche haltbar.

Für Sirupflaschen benötigt man, um sie zu leeren, erfahrungsgemäß deutlich länger. Mit dem Öffnen der Flasche erhält der Inhalt Kontakt mit Umgebungsluft, die wie beim Nektar eine Infektion bewirken kann. Sirup ist aber durch den hohen Zuckergehalt gegen Schimmelbefall geschützt. Je höher der Zuckergehalt, umso besser die schützende Wirkung. Nur in seltenen Fällen kommt es trotz eines ausreichend hohen Zuckergehaltes von mehr als 60 % zum Verderb durch Schimmelpilze. Je niedriger der Zuckergehalt von Sirup oder Nektar ist, umso größer ist die Gefahr des Verderbs. Auch die gekühlte Lagerung im Kühlschrank verzögert nur das Wachstum des Schimmelrasens.

Obwohl sich nur auf der Oberfläche unter Sauerstoffkontakt ein Pilzrasen ausbilden kann, finden sich die Stoffwechselprodukte des Schimmels im gesamten Flascheninhalt. Gehen Sie kein Gesundheitsrisiko ein – angeschimmelte Getränke sind zu entsorgen.

Alkoholische Gärung – Wie kommt es dazu?

Die alkoholische Gärung wird von Hefen hervorgerufen. Sie haben die Fähigkeit, Zucker in Alkohol umzuwandeln und geben dabei Kohlensäure ab. Was bei der Weinherstellung durchaus gewünscht ist, stellt beim Nektar und beim Sirup einen Fehler dar.

Gleich wie beim Schimmeligwerden müssen wir zwischen einer Gärung in einer originalverschlossenen und in einer bereits geöffneten Flasche unterscheiden.

In der noch verschlossenen Flasche kann man von außen nur schwer eine Gärung feststellen. Anhand einer Trübung und sichtbarer Bläschenbildung am Flaschenrand kann man lediglich erahnen, dass der Flascheninhalt zu gären begonnen hat. Beim Öffnen der Flasche entweicht die Gärungskohlensäure mit einem Zischlaut und Bläschen steigen deutlich sichtbar in der Flasche auf. Je nachdem wie lange und intensiv der Flascheninhalt gegoren hat, kann die Flasche beim Öffnen auch überschäumen oder im Extremfall sogar platzen.

Eine Gärung in der verschlossenen Flasche kommt meistens dann vor, wenn der Sirup kalt, also ohne Erhitzung, in die Flasche gefüllt wurde. Heiß abgefüllter Sirup kann in der Flasche nur dann zu gären beginnen, wenn durch einen undichten Verschluss Hefezellen zum Sirup gelangen können. Ein dichter Verschluss und die Heißfüllung mit 80 °C verhindern garantiert das Angären in der Flasche vor ihrem Öffnen.

Mit dem Öffnen der Flaschen können Hefezellen in die Flasche gelangen. Geöffnete und gekühlt gelagerte Nektarflaschen sind binnen weniger Tage aufzubrauchen, da sie nicht gegen eine Gärung geschützt sind. Sirup mit einem Zuckergehalt von mehr als 60 % ist gegen das Wachstum von Gärhefen gewissermaßen natürlich geschützt. Bei einem tieferen Zuckergehalt ist Sirup nicht geschützt und kann wie Nektar bereits nach wenigen Tagen zu gären beginnen.

Am Beginn der Gärung schmeckt der Sirup noch angenehm spritzig und süffig. Je länger die Gärung dauert, umso höher wird der Alkoholgehalt im Sirup. Rein rechtlich ist gärender Nektar oder Sirup verdorben und darf nicht in Verkehr gebracht werden.

Gelbildung – Wie kommt es dazu?

Bei manchen Fruchtsäften kann es im Zuge der Herstellung von Sirup und Nektar zum Gelieren kommen, bei Nektar aber nur sehr selten. Was bei der Konfitürenherstellung durchaus erwünscht ist, stellt hier eine Qualitätsminderung dar. Im Extremfall geliert Sirup in der bereits gefüllten Flasche so stark, dass man ihn nicht mehr aus der Flasche ausschenken kann. Gelierter Sirup ist nicht mehr als Basis für Getränke zu gebrauchen.

Keine Bedeutung hat das Gelieren bei kalt angesetzten Kräutersirupen. In den verwendeten Blättern ist kein Pektin enthalten, das ausgelaugt werden könnte. Bei heiß angesetztem Kräuter- oder Blütensirup kann Heißwasser geringe Mengen an Pektin aus dem Zellverband herauslösen. Nach dem Zuckerzusatz und nach der Heißfüllung kann dies zur Ausbildung von Flocken in der Flasche führen, auf die der Hersteller reagieren muss.

Verantwortlich für das Gelieren ist Pektin. Als Kittsubstanz in der pflanzlichen Zelle, für das Gefüge des pflanzlichen Gewebes ausschlaggebend, kommt es in allen Früchten vor. Ebenso ist es auch für die Festigkeit der Früchte verantwortlich.

In der Flasche gelierter Sirup ist vielen Herstellern bekannt

Hinter dem Begriff „Pektin“ versteckt sich eine Kette von unzähligen Molekülen der Galacturonsäure. Ihr Gehalt richtet sich in erster Linie nach der Obstart. Meistens haben sehr saure Früchte viel Pektin (Johannisbeeren, Stachelbeeren). In weiterer Folge ist der Reifegrad für den Gehalt und die Form von Pektin entscheidend. In unreifen Früchten sind diese Galacturonsäure- oder Pektinketten am längsten. Im Zuge der Reife werden die Pektinketten kürzer und die Früchte weich.

Je nachdem wie die Früchte verarbeitet werden, gelangt mehr oder weniger von kurzen, mittellangen und langen Pektinanteilen in den Fruchtsaft. Bei der Heißentsaftung (Aufkochen der Früchte oder Dampfentsaften) gelangt prinzipiell mehr Pektin in den Fruchtsaft als auf kaltem Wege durch Maischen und Pressen.

Je mehr Zucker dem Saft zugesetzt wird, umso mehr nähern sich die bereits abgespaltenen Teilchen der Pektinketten wieder aneinander an. Wenn gleichzeitig der Säuregehalt erhöht wird, stoßen sich die Kettenteile auch nicht mehr gegeneinander ab, es folgt eine so genannte „Zucker-Säure-Gelierung“.

Beim kalten Einrühren des Zuckers in den Fruchtsaft verknüpfen sich die einzelnen Kettenglieder nur langsam wieder und bilden Flocken, im Extremfall ein Gel. Wird aber heiß entsaftet und der Zucker sofort in den sauren, noch heißen Saft eingerührt, kann dieser bereits beim Abkühlen gelieren. Pektinflocken schauen wie Schneeflocken aus, schwimmen meistens im unteren Teil der Flaschen und lassen sich nur schwer wieder entfernen. Beim Versuch, sie durch Filtration zu beseitigen, verkleben sie recht rasch die Filterschicht. Am ehesten kann man sie entfernen, wenn man geduldig auf ihr Absinken wartet, und den darüber stehenden Sirup abzieht.

Am ehesten geliert Sirup bei tiefem pH-Wert, also bei sauren Früchten, und mehr als 65 % Gesamtzuckergehalt.

Wie kann man das Gelieren verhindern?

Reduktion des Zuckergehaltes

Wenn Sie mit dem Zuckergehalt (Trockensubstanzgehalt) unter 55 % bleiben, ist ein Gelieren eher unwahrscheinlich. Für den Verkauf bestimmter Sirup muss mindestens 55 % Trockensubstanz aufweisen, erst ab 60 % ist er auch in der schon geöffneten Flasche gut haltbar. Tiefere Werte sind zwar möglich, aber wie im Kapitel „Haltbarkeit“ beschrieben, geht mit der Verringerung des Zuckergehaltes auch eine Verringerung der Haltbarkeit einher.

Für den Eigenbedarf ist es durchaus möglich, durch Verringerung des Zuckerzusatzes auch das Gelieren zu verhindern. „Zuckerarmer" Sirup ist nur durch die Heißfüllung vor dem Verderb geschützt, einmal geöffnete Flaschen sind in ihrer Haltbarkeit begrenzt.

Reduktion des Säuregehaltes

Um ein Gel ausbilden zu können, benötigt das Pektin einen tiefen pH-Wert, sprich viel Säure. Eine Möglichkeit bestünde darin, durch den Verzicht auf Säure den pH-Wert nicht abzusenken und damit die Gefahr des Gelierens zu verringern. Aber der Säuregehalt im Sirup ist ein für den Geschmack wesentliches Kriterium. Zu wenig Säure führt zu einem unharmonisch süß schmeckenden Getränk. Daneben bremst Säure den Farbverlust und hilft mit, eine schöne Produktfarbe zu erhalten, und ist auch für die Haltbarkeit wichtig.

Der Verzicht auf den Säurezusatz verhindert das Gelieren fast sicher. Aber wegen des ohne Säure unharmonisch süßen Geschmacks ist es nicht sinnvoll, auf einen Zusatz zu verzichten.

Abbau des Pektins

Um dauerhaft ein Gelieren eines Sirups zu verhindern, müssen die Pektinketten zerstört werden. Ist das Pektin einmal in seine Einzelbausteine zerlegt, kann es sich nicht mehr zu einem Gel zusammenfügen. Für diesen Abbau verwenden wir pektinspaltende Enzyme – so genannte Pektinasen. Ihre Zugabe und Wirkungsweise wird im Kapitel der Saftgewinnung (siehe Seite 34 ff) näher beschrieben.

Um das Gelieren im Fruchtsirup zu verhindern, muss das Pektin bereits bei der Fruchtsaftherstellung durch den Zusatz pektinspaltender Enzyme abgebaut werden. Bei Kräutersirup kommt es gar nicht, bei Blütensirup nur in Ausnahmefällen zur Ausbildung von Pektinflocken bzw. zum Gelieren.

Bei diesen Enzymen handelt es sich um Stoffe, die in der Natur auch vorkommen, allerdings nicht in so hohen Konzentrationen. Sie sind in sehr geringen Mengen bereits wirksam, meistens reichen wenige Milliliter aus, um in 100 l Saft das Pektin abzubauen. Je nach Präparat liegt der optimale Temperaturbereich zwischen 15 und 50 °C. Je wärmer der Saft, umso rascher funktioniert der Abbau.

Auskristallisieren – Wie kommt es dazu?

Eine relativ seltene aber doch hin und wieder auftretende Erscheinung bei Frucht- oder Kräutersirup ist das Auskristallisieren. Eher kennen wir es vom Honig. Ein Teil des Honigs beginnt sich im Glas zu verfestigen, es bilden sich Zuckerkristalle aus. Gleiches kann uns im Sirup passieren. Bei zu hoher Zuckerkonzentration oder zu tiefen Lagertemperaturen setzen sich am Boden der Sirupflasche Kristalle ab.

Der am häufigsten verwendete Kristallzucker – auch Saccharose oder Rübenzucker genannt – besteht zu gleichen Teilen aus Fruchtzucker (Fructose) und Glucose (Traubenzucker). Von diesen drei Zuckerarten ist es praktisch nur die Saccharose, die im Sirup kristallisieren kann, bei Fructose und Glucose ist das praktisch nahezu ausgeschlossen.

Saccharose spaltet sich in saurer Umgebung abhängig von Temperatur in Fructose und Glucose. Je niedriger der pH-Wert und je höher die Temperatur, umso

Löwenzahnsirup war zu stark gezuckert, nicht aufgekocht und ist im Kühlschrank auskristallisiert

schneller geht dieser Spaltvorgang, auch Invertieren genannt, vor sich. Das Gemisch, das zu gleichen Teilen aus Fructose und Glucose besteht, nennt man Invertzucker.

Fast jedem Sirup wird, um im fertigen Getränk einen ausgewogenen Geschmack zu erzielen, in irgendeiner Form Säure zugesetzt. Diese führt, bei Fruchtsäften in Kombination mit vorhandenen Fruchtsäuren, zur Inversion. Im Sirup liegt demzufolge immer eine Mischung aus diesen drei Arten von Zucker vor. Ist erst einmal ein Teil der Saccharose aufgespalten, kann es zu keinem Auskristallisieren mehr kommen. Findet aber keine Inversion statt, kann es bei einem Zuckergehalt von über 65 % und bei niederen Temperaturen zum Ausfallen der Saccharose kommen. Um einen derartig hohen Zuckergehalt zu erreichen, müsste man auf 1 l Fruchtsaft mehr als 1,5 kg Zucker zusetzen, bei Kräutersirup wäre noch mehr Zucker notwendig. Bei den meisten Siruprezepten liegt der Zuckeraufwand aber darunter, es besteht daher keine Gefahr des Kristallisierens im fertigen Sirup.

Am ehesten findet man die unerwünschten Zuckerkristalle in einem sehr süßen, kaltgerührten und anschließend kalt abgefüllten Sirup. Die Heißfüllung und ein eventuell vorhergehendes kurzes Aufkochen hätten das Invertieren so weit beschleunigt, dass keine Gefahr des Kristallisierens der Saccharose mehr bestünde.

Kristallisiert Saccharose im Sirup aus, dann ist das ein deutliches Zeichen von zu hohem Zuckergehalt und fehlender Inversion. In einem Sirup mit einem Kristallzuckergehalt von mehr als 65 %, der im Zuge seiner Herstellung nicht erhitzt wurde, können sich bei tiefen Lagertemperaturen unerwünschte Zuckerkristalle bilden. Beim Erhitzen hätte sich die Saccharose aufgespalten und könnte nicht mehr kristallisieren. Wenn das geschehen ist, dann erhitzen Sie den Sirup mit den Zuckerkristallen auf mindestens 80 °C. Sie werden sehen, die Kristalle lösen sich auf.

Braunverfärbungen – Wie kommt es dazu?

Bräunungen im Nektar oder Sirup verringern die Freude am Konsum. Auch wenn sich der Geschmack durch die dunklere Farbe nur geringfügig verändert hat, bevorzugen die meisten Konsumenten Produkte mit einer frischen, leuchtend intensiven Farbe. Das mag damit zu tun haben, dass wir von klein auf gelernt haben, dass braune Früchte meistens von Fäulnis betroffen und ungenießbar sind.

Besonders vom Verlust der frischen Farbe betroffen sind fruchtfleischhaltige Nektare aus rotfarbigen Früchten. Bei Zwetschken- oder Erdbeernektar ist es fast nicht möglich, die frische Farbe der Frucht über mehrere Monate hindurch zu erhalten. Auch Produkte aus Pfirsich oder Marille verlieren ihre frische Farbe im Laufe eines Jahres.

Weniger deutlich bemerken wir das beim Sirup. Der hohe Zuckergehalt wirkt sich dort stabilisierend auf die Farbe aus. Sirup aus Kräutern oder Blüten neigt von vornherein weniger zu Bräunungsreaktionen.

Wie kann man Bräunungen verhindern?

Nicht bei allen Produkten kann man den Verlust der frischen Farbe verhindern, dort geht es darum, ihn zu verlangsamen.
Folgende Möglichkeiten stehen uns dafür zur Verfügung:

Zusatz von Ascorbinsäure

Dieser auch als Vitamin C bekannte Stoff ist bereits beim Nektar als Zusatzstoff beschrieben worden, allerdings spricht man im Zusammenhang mit Oxydationsschutz (Schutz vor Bräunungen) nicht vom Vitamin, sondern behält den eigentlichen Namen der Substanz bei. Aus diesem Grund muss der Zusatz bei einem etwaigen Verkauf von Nektar auch in der Zutatenliste mit „als Antioxidans Ascorbinsäure“ vermerkt werden. Ein Hinweis auf das Vitamin C darf nicht erfolgen.

Sie wirkt schon in Mengen zwischen 0,2 und 0,5 g / l, wird aber beim Erhitzen und Heiß-

Absetzen und Bräunen bei Nektar bringt allein optisch schon eine Qualitätsminderung. Linke Flasche mit Ascorbinsäure, die rechte ohne Ascorbinsäure mit deutlicher Bräunung

füllen je nach Höhe und Dauer der Temperatureinwirkung zerstört. Beim Abfüllen bei etwa 80 °C und anschließend langsamem Abkühlen geht etwa die Hälfte ihrer Wirkung verloren.

Bei Erdbeernektar reicht aber auch die Ascorbinsäure nicht aus, um die Farbe über Monate hindurch stabil zu halten. Hier muss man etwa nach einem halben Jahr eine fahle, etwas ins Graue reichende Farbe tolerieren. Ascorbinsäurezusatz verlangsamt diese Reaktion jedoch deutlich. Aber gerade beim Erdbeernektar, glaube ich, entschädigt die Fruchtigkeit im Geschmack für den Verlust an Farbe.

Zusatz von Zitronensäure

Der Zusatz von Zitronensäure hat nur indirekt einen Einfluss auf die Farbstabilität eines Produkts. Ein Aufsäuern von Sirup oder Nektar bewirkt ein Absinken des pH-Werts. Also nicht nur im Geschmack, sondern auch chemisch gesehen wird das Getränk saurer. Je saurer die Bedingungen für rote Farbstoffe aus der Natur sind, umso stabiler werden sie, die Neigung zum Braunwerden verringert sich.

Zugabe einer färbenden Substanz

Diese (letzte) Möglichkeit wird bei einigen Obstarten häufig angewendet. Zu Zwetschkennektar kann man beispielsweise einen ganz geringen Anteil von Holundersaft geben, der die Farbe stabil und intensiv hält. Aber Achtung: ein Zuviel ist auch im Geschmack sofort merkbar. Die zugesetzte Menge Holunder sollte daher nur einen Bruchteil des Zwetschkenanteils ausmachen. Ähnlich verhält es sich mit dem Saft der Roten Rübe für rote Produkte mit empfindlichen Farbstoffen. Die Zugabe eines anderen Safts, wie dem aus Roter Rübe oder Holunder, hilft mit, die Farbe zu intensivieren. Das Ausmaß dieses Zusatzes muss aber immer mit einer geringen Menge vorher ausprobiert werden, damit es dann keine bösen Überraschungen hinsichtlich des Geschmacks gibt.

Neben dem Geschmack ist auch das Aussehen eines Getränks zur Qualitätseinstufung von Bedeutung. Bräunungsreaktionen im fertigen Produkt lassen sich nicht gänzlich verhindern, manche Zusatzstoffe bremsen oder verringern sie aber wenigstens. Durch Zusatz von Zitronensäure verlangsamt sich die Reaktion, Ascorbinsäure verhindert einen Teil der Bräunungen. Bei Produkten aus besonders empfindlichen – meistens rot gefärbten – Obstarten werden häufig geringe Mengen von intensiv gefärbten Säften mit stabilem Farbstoff zugesetzt. Die Brauntöne im Getränk werden dann von der frisch bleibenden Farbe zum Teil überdeckt und sind nicht mehr so deutlich zu sehen.

Das Besondere an selbst hergestelltem Sirup oder Nektar ist, dass sie unter Auswahl der geeignetsten Rohstoffe mit Liebe zum Detail und vor allem mit viel Freude hergestellt wurden. Allein schon durch die fehlenden Spezialmaschinen darf man nicht die Klarheit oder Feinheit eines im großen Maßstab hergestellten Getränks erwarten. Doch sind es gerade diese kleinen Abweichungen vom industriellen Maßstab, die die selbst erzeugten Produkte so besonders machen. Ein paar Pektinflocken da oder eine leichte Bräunung dort sind kaum der Rede wert. Schimmelbildung oder ein Angären ist aber mit Verderb gleichzusetzen und sollte auch im Haushalt nicht passieren.

Rezepte für Sirup und Nektar

Um einen köstlichen Sirup oder Nektar herzustellen, reichen ein gutes Rezept und die passenden Rohstoffe eigentlich schon aus. Aber irgendwann kommt der Moment, in dem man sich mehr wünscht, als nur Rezepte nachzukochen. Dann beginnt man, mit etwas Fantasie und Hintergrundwissen Eigenkreationen zu entwickeln. Wenn man die wesentlichen Herstellungsprinzipien beachtet, stellen sich sicherlich schon bald die ersten Erfolge ein. Die Abläufe bei der Herstellung von Nektar oder Sirup sind immer ähnlich, die verschiedenen Herstellungsarten selbst sind aber sehr variabel. Bei den meisten Rezepten lassen sich Rohstoffe oder Süßungsmittel ganz einfach austauschen. Die Bandbreite an Möglichkeiten ist riesengroß.

Es liegt an Ihnen, diese nach Lust und Laune auszureizen oder nicht. Sollte doch einmal etwas nicht ganz so gelingen, wie Sie es sich vorgestellt haben, oder gar einmal eine Flasche verderben, lassen Sie sich nicht entmutigen, es ist noch kein „Sirup- oder Nektarmeister“ vom Himmel gefallen.

Bei den folgenden Rezepten sind einige weitverbreitet und schon richtige Klassiker, andere wiederum sind noch nicht so bekannt. Bei manchen Rezepten sind Gewürze angeführt, deren Verwendung das Aroma mehr oder minder stark beeinflussen. Selbstverständlich liegt es an Ihnen zu entscheiden, welche dieser Anregungen Sie aufgreifen wollen.

Die wichtigsten Mengenangaben		
EL **TL**	Esslöffel Teelöffel	
2 cl **4 cl**	20 ml 40 ml	1 kleines Stamperl 1 großes Stamperl
62,5 ml **125 ml** **250 ml** **500 ml** **750 ml** **1000 ml**	1/16 l 1/8 l 1/4 l 1/2 l 3/4 l 1 l	
100 g **125 g** **250 g** **500 g** **750 g** **1000 g**	1/10 kg 1/8 kg 1/4 kg 1/2 kg 3/4 kg 1 kg	

Achtung!

Nach dem Heißfüllen von Sirup und Nektar sind die Flaschen sofort dicht zu verschließen und zumindest für einige Minuten umzulegen, um den Verschluss zu sterilisieren.

Sirup aus Kräutern und Blüten

Akazienblütensirup

20 Trauben Akazienblüten
2 l Wasser
2 kg Zucker
80 g Zitronensäure

Die Blüten in ein geeignetes Ansatzgefäß geben, mit kaltem Wasser und der Hälfte des Zuckers überziehen. Nach etwa 3 Tagen abseihen, die Flüssigkeit mit dem restlichen Zucker und der Zitronensäure verrühren und erwärmen, nicht aufkochen. Bei etwa 75 °C den Sirup in die vorbereiteten Flaschen füllen, diese gut verschließen und für wenige Minuten umlegen.

Dieser Ansatz darf nicht als Sirup vermarktet werden, da ihm zu wenig Zucker zugesetzt wurde. Verwendet man aber die notwendigen 3,5 kg Zucker, wird viel Aroma durch den süßen Geschmack abgedeckt.

Tipp: Wenn man die roten Blüten der Zierakazie verwendet, färbt sich der Sirup rosa.

Ansatz von Akazienblüten

Hollerblütensirup

Holunderblütensirup ist wohl einer der bekanntesten Blütensirupe überhaupt. Er zeichnet sich durch sein liebliches Aroma aus und eignet sich hervorragend, mit Sekt vermischt, als Aperitif. Aus der Vielfalt an möglichen Herstellungsarten habe ich hier die beiden angeführt, die mir persönlich am meisten zusagen.

Rezept 1

10–12 Hollerblütendolden (je nach Größe)
3,5 kg Zucker
2 l Wasser
100 g Zitronensäure

Die groben Stängel sind von den Blütendolden zu schneiden, da sie einen herben Geschmack haben, den sie an den Auszug abgeben. Die vorbereiteten Blüten mit Wasser, einem Teil des Zuckers und der Zitronensäure ansetzen. Nach etwa 3 Tagen abseihen, mit dem restlichen Zucker vermischen, erhitzen und heiß abfüllen. Die Flaschen nach dem Befüllen sofort verschließen und, um die Haltbarkeit zu gewährleisten, für wenige Minuten umlegen.

Rezept 2

10 Hollerblütendolden
3,5 kg Zucker
2 l Wasser
1/2 l Apfelessig
2 Orangen (möglichst unbehandelte)
2 unbehandelte Zitronen

An Stelle der Zitronensäure verwendet man bei diesem Rezept Essig zum Säuern. Zusätzlich gibt man auch Südfrüchte in den Auszug. In Kombination mit dem Essig ergeben sie einen herrlich exotischen, blumigen Geschmack. Die Zitronen und Orangen dafür unter heißem Wasser abspülen und in feine Scheiben schneiden.

Holunderblütensirup-Ansatz mit Orangenscheiben

Holunderblütensirup-Ansatz mit dem ganzen Zucker und Zitronenscheiben vor dem Aufrühren

Blüten, Zitronen- und Orangenscheiben mit einem Teil des Zuckers im Wasser ansetzen. Nach etwa 3 Tagen das Ganze abseihen, den restlichen Zucker und den Essig darunter rühren, erhitzen, bestenfalls kurz aufkochen und heiß abfüllen. Der stechende Geruch beim Erhitzen stammt von der Essigsäure und ist normal. Kocht man zu lange, geht zu viel Säure verloren und der Sirup verliert seinen harmonischen Geschmack. Die Flaschen nach dem Befüllen sofort verschließen und für wenige Minuten umlegen.

Bei beiden Rezepten bildet sich im Zuge der Lagerung an der Oberfläche ein Rand aus aufgestiegenen Blütenpollen. Diese sind harmlos, dürfen aber nicht mit Schimmel verwechselt werden.

Indianernesselsirup

2 Hand voll frischer Blätter Indianernessel
1 kleine Hand voll Blütenblätter
1,5 l Wasser
2,2 kg Zucker
100 g Zitronensäure

Die Blüten und die frischen Blätter der Indianernessel vorsichtig mit Wasser abspülen, dann im Ansatzgefäß mit Wasser, der Zitronensäure und einem Teil des Zuckers überziehen. Schon nach wenigen Stunden färbt sich der Ansatz wunderschön rosa. Blaue oder violette Formen der Indianernessel (Monarda) geben nicht so schön gefärbte Ansätze.

Nach etwa 3 Tagen seiht man die Blätter ab, versetzt den Auszug mit dem restlichen Zucker und erhitzt auf etwa 75 °C. Anschließend füllt man den Sirup heiß in die vorbereiteten Flaschen, verschließt diese sorgfältig und legt sie für wenige Minuten um.

Im Garten sehr dekorativ und wohlschmeckend im Sirup – die Indianernessel

Ingwersirup

1 Stück einer Ingwerknolle
1/4 l Wasser
100 g Kandiszucker
1 EL Zitronensäure

Ein etwa 3 cm langes Stück einer Ingwerknolle schälen und in kleine Stücke schneiden. Daraus entstehen etwa 2 EL gehackter Ingwer, den man mit etwa 1 gehäuften EL Zitronensäure in einen kleinen Topf gibt. Dort lässt man ihn knapp 1/2 Stunde in 1/4 l Wasser leicht vor sich hin köcheln. Gegen Ende der Kochzeit 100 g Roh- oder Kandiszucker zusetzen und so lange weiterköcheln, bis er sich auflöst. Wenn notwendig noch etwas Wasser zufügen. Den Sirup heiß durch ein Sieb abfüllen, die Flasche gut verschließen und für wenige Minuten umlegen.

Dieser Sirup schmeckt recht pikant, manchmal schon scharf und eignet sich gut zum Würzen von Saucen, aber weniger zum direkten Genuss.

Ingwersirup – eher zum Würzen als zum Trinken

Kräutersirup

1 großer Bund Apfelminze
1 großer Bund Zitronenmelisse
1 großer Bund Zitronenverbene
2 Orangen, in Scheiben geschnitten
2 Zitronen, in Scheiben geschnitten
3 l Wasser
4,5 kg Zucker
150 g Zitronensäure

Die Kräuter in einem geeigneten Ansatzgefäß mit dem Wasser bedecken, etwas mehr als 1/3 des Zuckers und die in Scheiben geschnittenen Zitrusfrüchte darüber geben und etwa 3 Tage ziehen lassen. Nach dem Abseihen den restlichen Zucker und die Zitronensäure unter Erwärmen auflösen, alles einmal kurz aufkochen lassen und den fertigen Sirup heiß in die vorbereiteten Flaschen abfüllen.

Lindenblütensirup

2 Hand voll frischer Lindenblüten
2 l Wasser
3/4 kg Zucker
100 g Zitronensäure

Aus einem Teil des Zuckers kocht man mit dem Wasser und der Zitronensäure einen klaren Zuckersirup. Die Lindenblüten überzieht man dann mit dem heißen Zuckersirup, verschließt den Behälter und lässt die Blüten etwa 3 Tage lang ziehen. Anschließend seiht man die Blüten mit einem Sieb ab und filtriert ihn durch ein sauberes Tuch. Danach versetzt man den Auszug mit dem restlichen Zucker, erhitzt ihn auf mindestens 75 °C und füllt dann bei dieser Temperatur in die vorbereiteten Flaschen ab. Die Flaschen sind aus Gründen der Haltbarkeit sofort zu verschließen und für wenige Minuten umzulegen.

Lindenblüte kurz vor dem Verblühen

Löwenzahnblütensirup

250 g Löwenzahnblüten
1 l Wasser
1 kg Zucker
Saft von 1 Zitrone

Die Blüten ernten und die Blütenblätter aus den grünen Körbchen zupfen, da die grünen Teile zu einem Bittergeschmack führen können. Danach kurz in einem Sieb unter kaltem Wasser abspülen, in 1 Liter Wasser aufkochen und abgedeckt zwischen 12 und 24 Stunden ziehen lassen, höchstens aber einen Tag. Je länger man ihn ziehen lässt, umso intensiver wird das Aroma.

Nach der Standzeit durch ein Tuch oder ein eher feines Nudelsieb abseihen. Den Sud mit dem Saft der Zitrone und dem Zucker verrühren und noch einmal aufkochen. Dabei löst sich der Zucker vollständig auf, meistens schäumt der Sirup dabei recht stark. Schöpfen Sie den Schaum ab, das macht den Sirup nach dem Füllen weniger trüb. Nach dem Aufkochen noch heiß in die Flaschen füllen und diese sofort nach dem Verschließen für wenige Minuten umlegen.

Pflücken inmitten der blühenden Flächen (nicht direkt am Straßenrand) ...

der vollaufgeblühten Löwenzahnblüten

Zum Entfernen der grünen Teile verwendet man am besten Handschuhe

Die abgezupften Blütenteile ...

mit Wasser überbrühen und mehrere Stunden rasten lassen, anschließend ...

z. B. in einem Nudelsieb abseihen

Durch Zusatz von Zucker und Säure entsteht ein schmackhaftes Getränk

Löwenzahnhonig

Den Sud aus dem Rezept vom Löwenzahnblütensirup mit 1 kg Honig und eventuell einer Vanillestange versetzen und bei wenig Hitze etwa drei Stunden eindicken lassen. Durch das Verdampfen des Wassers erlangt der Sirup eine honigartige Konsistenz. Der Löwenzahnhonig eignet sich vorzüglich als Brotaufstrich oder zum Süßen von Kräutertee.

Melissensirup

2 große Bund Zitronenmelisse
1 l Wasser
1,5 kg Zucker
2 unbehandelte Zitronen

Die Zitronenmelisseblätter nach dem Ernten abspülen, mit 1 l heißem Wasser übergießen mit etwa der Hälfte des Zuckers und der in Scheiben geschnittenen Zitrone versetzen und bis zu 3 Tage zugedeckt stehen lassen. Nach dem Abseihen vermengt man den Sud mit dem restlichen Zucker, löst diesen Zucker unter Erhitzen auf und füllt noch heiß in die vorbereiteten Flaschen ab. Die Flaschen nach dem Verschließen umlegen.

Sirup aus Zitronenmelisse

Pfefferminzsirup

1 großer Bund Pfefferminzblätter
800 kg Zucker
1/2 l Wasser
1 TL Zitronensaft

Die Pfefferminzblätter grob zerkleinern, mit dem Wasser zum Kochen bringen. Anschließend etwa 10 Minuten ziehen lassen und abseihen. Diesem Sud den Zitronensaft beigeben und in einem verschlossenen Gefäß bis zu 3 Tage stehen lassen. Anschließend erst durch ein grobes Sieb und dann durch ein Mulltuch, eine Windel oder ein anderes sauberes Tuch seihen. Den Zucker der Flüssigkeit zufügen und alles noch einmal aufkochen. Den Sirup heiß in Flaschen abfüllen, diese gut verschließen und umlegen.

Sollte Ihnen der Pfefferminzsirup zum Trinken zu intensiv sein, können Sie ihn auch zum Aromatisieren von Cremes, Eiscreme oder Sorbets verwenden. Ein besonderer Gag ist der Zusatz grüner Lebensmittelfarbe, die dem Sirup auch eine färbende Wirkung verleiht.

Minzen ergeben einen sehr intensiven Sirup

Rosenblütensirup

2 Hand voll roter Rosenblütenblätter
1/2 l Wasser
3/4 kg Zucker
20 g Zitronensäure

Das Wasser zum Kochen bringen und einige Rosenblüten dazugeben. Die Blüten kurz überbrühen, aus dem Wasser herausfischen, auspressen und die nächsten Blüten kurz aufkochen. Die Rosenblätter sind nach dem Auspressen ziemlich blass, da die Farbstoffe im Wasser bleiben.

Das Wasser färbt sich üblicherweise grünlich-violett. Wenn alle Blütenblätter ausgekocht sind, setzt man dem Wasser den Zucker und die Zitronensäure zu. Mit dem Zusatz der Säure färbt sich das Wasser deutlich rot. Nach nochmaligem kurzen Erhitzen auf mindestens 75 °C den Sirup in Flaschen abfüllen, diese sorgfältig verschließen und umlegen.

Verwenden Sie für den Rosensirup nur die Blüten von ungespritzten Rosen, also entweder solche aus dem eigenen Garten oder Wildrosen, sprich Hagebutten. Rosensirup hat keine leuchtend rote Farbe, sondern eine braun-orange.

Traubenkirschenblütensirup

100 Blütendolden
1 l Wasser
1,5 kg Zucker
60 g Zitronensäure
1 unbehandelte Zitrone

Beim Ernten der Blüten ist auf ihre Frische zu achten, da die verblühten Blütenstände ihr feines Aroma schon verloren haben. Die geernteten Blüten unter fließendem Wasser vorsichtig abspülen und anschließend mit Zucker, Wasser, Zitronensäure und der in Scheiben geschnittenen Zitrone etwa 3 Tage lang ansetzen. Wenn sich nach den 3 Tagen der Zucker noch nicht vollständig gelöst hat, dann die Blüten mit einem Schaumlöffel aus dem Ansatzgefäß heben, die Flüssigkeit durch ein Sieb gießen und den Zucker anschließend herausschöpfen und aufkochen.

Gezuckerter Ansatz aus Traubenkirschenblüten und Zitronenscheiben

Hat sich der Zucker schon vollständig gelöst, kann man den kompletten Ansatz abseihen. Diesen einmal aufkochen, noch heiß abfüllen und die Flaschen nach dem Verschließen für wenige Minuten umlegen. Nach mehrwöchiger Lagerung bildet sich an der Oberfläche ein Rand aus Blütenpollen. Dieser ist harmlos, schaut aber dem Schimmel zum Verwechseln ähnlich.

Waldmeistersirup

1 großer Bund Waldmeister
2 l Wasser
3 kg Zucker
100 g Zitronensäure
2 unbehandelte Zitronen

Wasser mit der Zitronensäure und einem Teil des Zuckers erhitzen, bis sich dieser gelöst hat. Die Flüssigkeit noch heiß auf den Waldmeister und die ungespritzten, erst ausgepressten und dann grob zerteilten Zitronenschalen gießen, den Zitronensaft ebenfalls dazugeben. Diesen Ansatz nach etwa 3 Tagen abseihen, mit dem restlichen Zucker versetzen, erhitzen und bei etwa 70 °C abfüllen. Die Flaschen nach dem Befüllen sofort verschließen und umlegen.

Tipp: Pflücken Sie den Waldmeister noch bevor er zu blühen beginnt. Verwenden Sie ihn aber erst, wenn er angewelkt oder getrocknet ist bzw. frieren Sie ihn überhaupt ein. Das Aroma wirkt dadurch intensiver. Erwarten Sie aber nicht das Aroma eines vergleichbaren künstlich aromatisierten Produkts. Echtes Waldmeisteraroma zeigt sich im Sirup eher zart. Dieser schmeckt zwar nicht so intensiv, ist aber selbst hergestellt und damit etwas Besonderes.

Zitronenverbenesirup

2 Hand voll frischer Blätter Zitronenverbene
2 l Wasser
3,5 kg Zucker
120 g Zitronensäure
2 unbehandelte Zitronen

Die frischen Blätter der Zitronenverbene spült man vorsichtig mit Wasser ab und versetzt sie in einem Gefäß mit Wasser, der Zitronensäure und einem Teil des Zuckers. Nach etwa 3 Tagen seiht man den Ansatz ab, gibt den restlichen Zucker zum Auszug und erhitzt auf mindestens 75 °C. Anschließend füllt man den Sirup heiß in die vorbereiteten Flaschen, verschließt diese und legt sie für wenige Minuten um.

Tipp: Durch Zusatz von 1/2 Hand voll Zitronenmelisseblättern schmeckt der Sirup noch frischer.

Ansatz aus Zitronenverbene, einigen Blättern Zitronenmelisse und Zitronenscheiben

Sirup aus Früchten

Zu Sirup verarbeitet man vorwiegend Säfte aus Obstarten, die sich als solche nicht gut zum direkten Genuss eignen. Da die Ausgangssäfte farb- und aromaintensiv sein sollen, nimmt man fast ausschließlich Früchte vom Beerenobst. Die Gewinnung der Säfte ist ab Seite 25 genau beschrieben. Daher ist in den meisten Rezepten nur der Ausgangssaft angeführt.

Neben reinsortigen Erzeugnissen finden auch gemischte Varianten wie zum Beispiel Himbeer-Zitrone großen Anklang. Man kann sie relativ einfach durch Abwandeln der bestehenden Rezepte herstellen.

Erdbeersirup

1 kg reife Erdbeeren
1,25 kg Zucker
1/2 l Wasser
Saft einer Zitrone

Etwa 1/4 des Zuckers im Wasser erhitzen und zu einem klaren Zuckersirup aufkochen. Die Erdbeeren währenddessen verlesen, halbieren und mit einer Gabel grob zerdrücken. Anschließend verrührt man die Erdbeermasse mit dem noch heißen Zuckersirup und dem Zitronensaft. Jetzt empfiehlt sich der Zusatz eines pektinspaltenden Enzyms. Dies erleichtert das anschließende Abpressen der Erdbeermasse deutlich. Ohne Enzymierung lässt sich das nur schwer bewerkstelligen.

Nach 1/2 Stunde Rastzeit das Erdbeermus vorsichtig durch ein Tuch pressen. Man darf dabei nicht zu fest andrücken, da ansonsten das Mus in den Auszug gerät. Den aufgefangenen Sirup mit dem restlichen Zucker vermengen, nochmals auf 80 °C erhitzen und heiß in die vorbereiteten Flaschen abfüllen.

Dieser Sirup verliert rasch seine helle Farbe und wird grau-rot. Das Aroma ist etwas länger haltbar, verflüchtigt sich aber auch bald. Dunkle Lagerung verzögert diesen Prozess zwar etwas, kann ihn allerdings nicht verhindern.

Himbeersirup

1 l Himbeersaft
1,4 kg Zucker
40 g Zitronensäure

Den Himbeersaft mit dem Zucker und der Zitronensäure vermischen, auf etwa 80 °C erhitzen und heiß abfüllen. Die Flaschen anschließend sofort verschließen und umlegen.

Himbeeren sind Früchte mit mittlerem bis hohem Pektingehalt. Ohne Enzymierung einen derart hohen Zuckergehalt anzustreben, birgt die Gefahr des Gelierens. Für den Eigenbedarf ist es sinnvoll, den Zuckergehalt (und im gleichen Verhältnis auch die Zitronensäure) etwas zu reduzieren.

Himbeersirup mit Rotwein

Bei dieser Variante ersetzt man beim Aufkochen der Früchte das Wasser durch Rotwein oder setzt nach dem Entsaften mit dem Dampfentsafter auf 3/4 l Himbeersaft 1/4 l Rotwein zu. Dieses Verhältnis ist für mich persönlich das ausgewogenste. Wer den Rotweingeschmack gerne intensiver möchte, muss mehr Wein mit weniger Himbeersaft mischen.

Dieser Sirup ist nicht für Kinder geeignet, da er auch nach dem Erhitzen noch Alkohol enthält.

Holundersirup

1 l Holundersaft
1,3 kg Zucker
50 g Zitronensäure

Den Holundersaft mit dem Zucker und der Zitronensäure vermischen, erhitzen und bei etwa 80 °C in die vorbereiteten Flaschen abfüllen, sofort verschließen und aus Gründen der Haltbarkeit für wenige Minuten umlegen.

Holunder ergibt im Sirup einen eigenwilligen, aber von Liebhabern geschätzten Geschmack

Tipp: Dieser Sirup gewinnt an Finesse, wenn Sie beim Entsaften dem Holunder ein paar Gewürznelken und etwas Zimt beimengen. Der Sirup soll aber nicht nach „Weihnachtspunsch" schmecken, sondern deutlich nach Holunder.

Ribiselsirup

1 l Ribiselsaft
1,3 kg Zucker

Der Ribiselsaft ist mit dem Zucker zu vermischen, zu erhitzen und heiß abzufüllen. Nach dem Abfüllen müssen die Flaschen verschlossen und umgelegt werden. Für den Ribiselsirup können sowohl Rote als auch Schwarze Ribisel verwendet werden. Wobei die Schwarze Ribisel den intensiveren Geschmack bringt und daher zumindest zu einem Viertel mitverarbeitet werden sollte. Es sei denn, der zarte Geschmack der Roten Ribisel ist ausdrücklich gewünscht.

Nahezu alle heimischen Beerenarten sind zur Sirupherstellung geeignet

Die Herstellung von Ribiselsirup nach diesem Rezept funktioniert nur unter Zusatz eines pektinspaltenden Enzyms. Wer auf den Zusatz eines solchen Antigeliermittels verzichten möchte, muss auch den Zuckergehalt verringern, da ansonsten der Sirup in der Flasche geliert. Die Gefahr des Gelierens gibt es bei etwa 500 g Zucker je Liter Ribiselsaft noch nicht.

Zitronensirup

10 Zitronen
3 kg Zucker
2 l Wasser
30 g Zitronensäure

Aus Zucker, Wasser und Zitronensäure kocht man unter häufigem Rühren einen klaren Sirup. Der dabei entstehende Schaum ist abzuschöpfen. Inzwischen spült man die Zitronen mit heißem Wasser gut ab und schält sie ganz dünn. Von der weißen Haut soll möglichst wenig auf den Schalen sein, da sie den Sirup bitter machen. Den gesäuerten Zuckersirup vermischt man in einem Ansatzgefäß anschließend mit den Zitronenschalen und lässt diesen etwa 3 Tage lang stehen. Die geschälten Zitronen entsaftet man so gut es geht, siebt die groben Saftteile ab und bewahrt den Saft während der 3 Tage Ansatzdauer im Kühlschrank auf.

Nach 3 Tagen den Sirup durch ein grobes Sieb schütten, um die Schale zu entfernen, und mit dem gesiebten Zitronensaft vermischen. Das Ganze nun in einem Topf erhitzen, einmal kurz aufkochen und noch heiß (mehr als 75 °C) in Flaschen füllen, diese verschließen und umlegen.

Zitrussirup

400 ml frisch gepresster Orangensaft
400 ml frisch gepresster Grapefruitsaft
200 ml frisch gepresster Limettensaft
1,3 kg Zucker

Die frisch gepressten Zitrussäfte mischen und durch ein Haarsieb in einen Topf seihen. Mit Zucker unter Rühren zum Kochen bringen und 5 Minuten sprudelnd kochen lassen. Den Sirup heiß in vorbereitete Flaschen füllen, gut verschließen und für wenige Minuten umlegen.

Sirup als Hausmittel

Die hier angeführten Rezepte stammen aus einem überlieferten Erfahrungsschatz an Hausmitteln vorwiegend gegen Erkältungskrankheiten. Auch einige der im Kapitel „Sirup aus Kräutern“ genannten Siruparten können eigentlich als Hausmittel gelten, schmecken aber auch verdünnt ganz köstlich. Die im Folgenden angeführten Sirupe werden pur und nicht verdünnt eingenommen.

Meistens wird laut diesen Rezepten deshalb auch keine Säure zugesetzt. Wegen des geringen Zuckergehalts sind daher einige der angeführten Sorten nicht zum Verkauf als Sirup geeignet. Der Zucker dient eigentlich nur dazu, den zum Teil strengen Geschmack der geschmacksgebenden Komponente zu überdecken. Diese Siruparten müssen in erster Linie wirken, guter Geschmack ist aber natürlich auch kein Hindernis. Für die meisten liegt die empfohlene Dosis bei 3 x 1 bis 2 Esslöffel pro Tag, für Kinder deutlich niedriger.

Feigensirup

5 getrocknete Feigen
1/4 l Wasser
Saft einer Zitrone

5 getrocknete Feigen in ganz kleine Stücke zerschneiden und in einem Viertel Liter Wasser langsam zum Kochen bringen. So lange kochen, bis ein Sirup entsteht. Den Saft einer ganzen Zitrone hinzufügen, nochmals kurz aufkochen lassen. Zur Verfeinerung des Geschmacks kann man den frischen Sirup auf etwa 40 °C abkühlen lassen und einen EL Bienenhonig beimischen.

Feigensirup gilt als altes und mildes Hausmittel gegen Verstopfung. Abends vor dem Schlafengehen einen Esslöffel eingenommen, wirkt er ähnlich abführend wie gequollenes Dörrobst.

Getrocknete Feigen in kleine Stücke schneiden, ...

mit dem Wasser aufkochen und ...

heiß durch ein Sieb gießen

Maiwipferlsirup

1 kg Tannen- oder Fichtenspitzen
3 l Wasser
4,5 kg Zucker

Die Spitzen werden meistens Ende Mai / Anfang Juni gepflückt, wobei der frühere Erntetermin namensgebend für diesen Sirup ist. Erntet man die Triebspitzen später, so ist der harzige Geschmack nur mehr sehr schwach zu erkennen. Die Spitzen setzt man in 3 Liter Wasser an und kocht sie anschließend 15 Minuten lang. Sofort nach dem Abseihen mischt man je Liter Sud

1,5 kg Zucker bei, kocht nochmals auf und füllt heiß in die vorbereiteten Flaschen ab. Zum leicht harzigen Geschmack der Spitzen passt auch Rohrzucker recht gut. Der Geschmack lässt sich durch Zusatz von etwas Zitronensaft verfeinern, verwenden Sie aber keinesfalls zu viel davon. Dieser Sirup bringt bei Erkältungen wohltuende Linderung.

Tipp: Verwenden Sie einen großen Topf, da der Sirup manchmal ziemlich schäumt.

Maiwipferl-Sirup bringt wohltuende Linderung bei Erkältungen

Rettichsirup

1 große Rettichknolle
Kandis- oder Kristallzucker

Man höhlt den Rettich etwas aus und durchsticht ihn ganz mit einer Stricknadel. In die Aushöhlung füllt man den Zucker. Der Zucker löst sich mit Saft und Inhaltsstoffen aus dem Rettich auf und tropft als Sirup durch das Loch in das unter den Rettich gestellte Glas. Nehmen Sie von diesem Sirup mehrmals täglich 2 Esslöffel. Er wirkt schleimlösend bei Husten.

Spitzwegerichsirup

Einige Hand voll Spitzwegerichblätter (je nach Glasgröße)
Zucker

Spitzwegerichblätter lassen sich gut im Sommer ernten. Die frisch gewaschenen, gut ausgedrückten und fein geschnittenen Blätter schichtet man abwechselnd mit Kristallzucker lagenweise in ein gut verschließbares Glasgefäß. Ich verwende Kompottgläser mit Drahtbügel und Gummidichtung dafür. Auf eine 2 cm dicke Blätterschicht kommt etwa 1cm Zucker. Wichtig ist, dass die Lagen gut mit der Hand zusammengepresst werden, damit die Luft entweichen kann. Wenn kein Platz mehr für weitere Zucker- und Blätterlagen vorhanden ist, verschließt man das Glas und lagert es etwa 3 Monate lang an einem dunklen Platz bei gleichmäßiger Temperatur.

Nach der Lagerung leert man das Glas, erhitzt die Sirupmasse und filtriert heiß durch ein Geschirr- oder Mulltuch und füllt ihn in Flaschen ab. Kalt lässt sich der Sirup nicht so leicht auspressen.

Spitzwegerichsirup wird häufig zur Linderung von Hustenreiz eingenommen.

Ysopsirup

1/2 l blühende Ysoptriebspitzen
1 l Wasser
1,5 kg Zucker

1/2 l blühende Triebspitzen mit 1 l heißem Wasser übergießen und etwa 15 Minuten ziehen lassen. Anschließend die Triebspitzen abseihen und je Liter Sud 1,5 kg Zucker in die noch warme Flüssigkeit einrühren. Nochmals kurz auf etwa 75 °C erhitzen, nicht aufkochen, und abfüllen.

Ysopsirup wird gegen Husten und Halsentzündung empfohlen.

Rezepte für Nektar

Die im folgenden Teil angeführten Rezepte sind für Früchte durchschnittlichen Zucker- und Säuregehalts. Bei Früchten die extrem süß oder extrem sauer sind, ist es notwendig, das Rezept dementsprechend zu verändern. Abweichungen in den Ausgangsfrüchten machen sich im Nektar weitaus stärker bemerkbar als im Sirup.

Birnennektar

1 kg vorbereitete Birnen
900 ml Wasser
150 g Zucker
1 EL Zitronensäure

Birnennektar

Bei der Verarbeitung von Birnen ist der richtige Reifegrad besonders wichtig. Die Früchte müssen vollreif sein, dürfen aber noch nicht überreif, also im Inneren noch nicht braun sein. Diese Früchte werden geschält, von Kernhaus und Stängel befreit und gewogen. Anschließend schneidet man die Birnen in kleine Stücke und kocht sie mit dem Wasser und der Zitronensäure auf. An Stelle der Zitronensäure kann man auch zwischen 1/16 und 1/8 l Zitronensaft beimischen. Sobald die Birnenstücke im Inneren aufgeweicht sind, püriert man sie oder passiert sie durch die „Flotte Lotte“. Deutlich einfacher und rascher funktioniert es mit dem Pürierstab. Danach setzt man den Zucker zu, erhitzt wenn notwendig nochmals auf 80–85 °C und füllt anschließend in die vorbereiteten Flaschen ab. Nach dem Verschließen sind die Flaschen sofort umzulegen, um auch die Keime am Verschluss zu inaktivieren. Wer auch noch nach einem Jahr einen hellen Nektar auf Vorrat haben möchte, setzt vor dem Füllen noch einen Teelöffel Ascorbinsäure (Vitamin C) zu und füllt dann ab.

Tipp: Das Rezept gelingt besonders gut mit Williams Christ Birnen.

Erdbeernektar

1 kg Erdbeeren
1 l Wasser
140 g Zucker
1 EL Zitronensäure
1 TL Ascorbinsäure

Zuerst sind die Erdbeeren zu waschen, die Kelche zu entfernen, anschließend zu zerkleinern und zu erhitzen. Zucker, Zitronensäure, Ascorbinsäure und portionsweise Wasser mit dem Pürierstab in das Mark einrühren, auf 80 °C erhitzen, heiß abfüllen, verschließen und die Flaschen für einige Minuten umlegen.

Erdbeernektar eignet sich hervorragend als Basis für Mixgetränke mit Sekt oder anderen Säften, auch für Desserts empfiehlt sich dieses zähflüssige Erdbeererzeugnis recht gut.

Leider färbt sich der Nektar unabhängig von der Sorte, der Zitronen- oder Ascorbinsäure nach mehrmonatiger Lagerung grau-rot. Erdbeernektar sollte daher in den ersten 3 Monaten nach seiner Herstellung, solange er noch eine hellrote Farbe aufweist, konsumiert werden.

Marillennektar

1 kg entkernte Marillen
1 l Wasser
150 g Zucker
1 TL Zitronensäure
1 Messerspitze Ascorbinsäure

Unreife Marillen haben nur wenig Aroma, sie zu verarbeiten bringt niemals intensive Erzeugnisse. Vollreife, schon fast überreife Marillen werden halbiert und entkernt. Die Marillenhälften schneidet man noch ein bisschen kleiner, versetzt sie mit 1/2 l Wasser und kocht sie dann auf. Durch ständiges Rühren bildet sich schon im Topf ein Mark aus den Marillen, welches anschließend durch die „Flotte Lotte" passiert werden kann. Das restliche Wasser rührt man dann mit dem Zucker und der Zitronensäure in das Mark ein und mixt mit dem Pürierstab einmal kurz auf. Die noch ziemlich warme Fruchtmasse erhitzt man erneut auf etwa 80–85 °C und füllt sie dann in die vorbereiteten Flaschen ab. Nach dem Verschließen sind die Flaschen sofort umzulegen.

Aus vollreifen Marillen lässt sich köstlicher Nektar herstellen

Fruchtfasern sind auch typisch für die Marille, sie lassen sich nicht auspassieren und auch nicht mit dem Stabmixer pürieren. Sie stören weder in Geruch oder Geschmack, sondern beweisen die Eigenerzeugung.

Pfirsichnektar

1 kg vorbereitete Pfirsiche
1 l Wasser
150 g Zucker
1 EL Zitronensäure
1 Messerspitze Ascorbinsäure

Die Pfirsiche werden gewaschen, halbiert und entkernt. Anschließend zerkleinert man die Pfirsichhälften und kocht sie in einem Teil des Wassers auf. Wer keine Hautteile des Pfirsichs im fertigen Nektar haben möchte, muss die weich gekochten Pfirsiche durch eine Passiermaschine (Flotte Lotte) zu Pfirsichmark verarbeiten oder die Früchte vor der Verarbeitung schälen. Das Pfirsichmark zuckert man, setzt Ascorbinsäure zum Schutz vor Bräunungen zu und säuert mit Zitronensäure auf. Das Ganze erhitzt man erneut auf 80–85 °C und füllt es dann in die vorbereiteten Flaschen ab. Nach dem Verschließen sind die Flaschen sofort umzulegen. Fruchtfasern sind typisch für den Pfirsich; sie lassen sich nicht auspassieren und auch nicht mit dem Stabmixer pürieren. Sie stören aber weder Geruch noch Geschmack und sind deutliches Indiz der Eigenproduktion.

Ribiselnektar

1 l Ribiselsaft
2 l Wasser
270 g Zucker

Die Ribisel entweder über den Dampfentsafter oder durch Aufkochen und Abseihen entsaften. Dabei ist es nicht notwendig, die Beeren zu entstielen. Der Pektinabbau ist bei Schwarzen Ribiseln für die Produzenten größerer Mengen ein Muss, bei der Herstellung von Kleinmengen kann darauf verzichtet werden, sofern man nicht mehr Zucker zusetzt.

Auf einen Liter Ribiselsaft kommen 2 l Wasser. Man mischt das Wasser und den Zucker mit dem Saft, setzt den Zucker zu und erhitzt das Ganze. Bei einer Temperatur zwischen 80 und 85 °C füllt man den Nektar in die vorbereiteten Flaschen ab, verschließt diese sorgfältig und legt die Flaschen für wenige Minuten um.

Schwarze Ribisel oder ein Gemisch aus schwarzen und roten Beeren ist besser zur Herstellung von Nektar geeignet als nur Rote Ribisel allein, da die Schwarzen Ribiseln weitaus geschmacksintensiver sind als die roten.

Nektar aus Roten Ribiseln hat eher eine hellrote Farbe

Traubennektar

1 l Traubensaft
2 l Wasser
80–150 g Zucker
bis zu 1 EL Zitronensäure

Für den Traubennektar können für Zucker und Säure keine genauen Werte angegeben werden, da diese beiden Inhaltsstoffe in der Traube in stark unterschiedlichen Mengen vorkommen. Bei sehr süßen Trauben verwendet man weniger Zucker und mehr Zitronensäure bzw. umgekehrt, wenn die Früchte noch sauer sind.

Den Traubensaft mit Wasser, Zucker und gegebenenfalls anderen Zutaten vermischen, auf etwa 80 °C erhitzen und heiß abfüllen. Die Flaschen nach dem Befüllen sofort verschließen und für einige Minuten umlegen.

Weichselnektar

1 kg entkernte Weichseln
1 l Wasser
150 g Zucker

Die Weichseln mit einem Teil des Wassers und des Zuckers aufkochen und mit einem Mixstab oder Ähnlichem fein zerkleinern. Anschließend das restliche Wasser mit dem Zucker einrühren, nochmals erhitzen und bei etwa 80 °C in die vorbereiteten Flaschen füllen. Diese sofort verschließen und umlegen.

Anhang

Rechtliche Vorschriften

Für die Herstellung von Lebensmitteln für den Eigenbedarf sind es Aussehen, Geschmack und Haltbarkeit, die den Verarbeitungsweg bestimmen. Wer selbst hergestellte Produkte auch in den Verkauf bringen möchte, der muss zusätzlich die geltende Rechtslage beachten. Egal ob es sich um die Kennzeichnung oder die Zulassung von Inhaltsstoffen handelt, vieles um die Gewinnung und Vermarktung eines Lebensmittels ist geregelt. Obwohl die Vorschriften in diesem Werk der aktuellen Gesetzeslage entsprechen, kann es sein, dass sich die Rahmenbedingungen verändern. Im Zweifelsfall informieren Sie sich bei Interessensvertretungen oder bei der Lebensmittelkontrolle.

Die Bestimmungen für Sirup und Nektar in Österreich sind im österreichischen Lebensmittelcodex und der Fruchtsaftverordnung zu finden. Besonders beim Nektar sind diese Bestimmungen über weite Bereiche gleich lautend mit der EU-Verordnung und daher in Deutschland und auch der Schweiz sehr ähnlich geregelt.

Bestimmungen für Nektar

Allgemeine Bestimmungen

Fruchtnektar wird in Österreich und Deutschland durch die Fruchtsaftverordnung geregelt, die sich an der Richtlinie des EU-Rates orientiert. Fruchtnektar ist definiert als Erzeugnis, das durch Zusatz von Wasser und Zucker aus Fruchtsäften (auch aus Konzentrat) oder Fruchtmark oder einem Gemisch der beiden hergestellt wird.

Der Zusatz von Zucker darf höchstens 20 % des Gesamtgewichts des fertigen Erzeugnisses aufweisen. Dieser Wert wird in der Regel nicht erreicht.

Wer andere Zuckerarten außer dem handelsüblichen Kristallzucker verwenden möchte, muss sich vorher in der Süßungsmittelrichtlinie oder der Zuckerverordnung über die zugelassenen Zuckerarten informieren bzw. entsprechende Beratungsstellen konsultieren.

Pro Liter Nektar dürfen bis zu 3 g Zitronensäure zur Korrektur des Säuregehalts zugesetzt werden. Der Zusatz von Ascorbinsäure zur Verringerung von Bräunungen ist unter Deklaration gestattet.

Die prozentuellen Mindestfruchtgehalte je Obstart sind in der folgenden Tabelle angeführt:

Obstart	Mindestgehalt im fertigen Erzeugnis in %
Schwarze / Rote Johannisbeere / Sanddorn	25
Zwetschke / Pflaume	30
Weichsel / Sauerkirsche	35
Andere Kirschen / Marille	40
Heidelbeere / Himbeere / Erdbeere	40
Apfel / Birne / Quitte	50
Pfirsich	50

Kennzeichnung

Die Kennzeichnung der Produkte für den Verkauf muss entsprechend den geltenden Vorschriften erfolgen. Neben den allgemeinen Vorgaben muss auch die QUID-Regelung (siehe Seite 124 ff) beachtet werden. **Am Etikett einer Nektarflasche müssen folgende Kennzeichnungselemente vorhanden sein:**

- **Sachbezeichnung** unter Angabe der Frucht in Verbindung mit dem Wort „-nektar"
- Bei Nektar aus Fruchtmark die Angabe **„fruchtfleischhaltig"**
- In unmittelbarem Zusammenhang damit der **Fruchtanteil** „Fruchtgehalt: mind. ___ %" bei Pfirsich 50 %, Marille 40 %, Birne 50 %

- **Zutaten** in absteigender Reihenfolge der verwendeten Mengen.
  Bei den Zutaten muss angegeben werden, wofür sie verwendet werden. So muss beispielsweise der Zusatz von Zitronensäure mit „als Säuerungsmittel Zitronensäure“ oder der von Ascorbinsäure mit „als Antioxidans Ascorbinsäure“ gekennzeichnet sein. Statt der Angabe des einzelnen Stoffes kann auch die jeweilige E-Nummer angegeben werden.
- **Nettofüllmenge**
  Hier gibt uns in Österreich die Fertigpackungsverordnung die erlaubten Flaschengrößen vor. Es sind dies Flaschen mit dem Nettofüllvolumen von:

0,125 – 0,2 – 0,25 – 0,33 – 0,5 – 0,75 – 1 – 1,25 – 2 Liter

- **Losnummer:** Wird beim Mindesthaltbarkeitsdatum nur das Monat und Jahr oder nur das Jahr angegeben, muss am Produkt eine Chargennummer aufscheinen, durch die im Falle einer Beanstandung das Produkt rückverfolgbar ist. Diese Chargennummer kann frei gewählt werden, es empfiehlt sich aber hierbei eine Buchstaben-Zahlenkombination zu verwenden, die z. B. mit dem Abfülldatum in Verbindung steht. Außerdem muss der Chargennummer der Buchstabe „L“ vorausgestellt sein, außer die Chargennummer unterscheidet sich deutlich von allen anderen Angaben auf der Flasche.
- **Hersteller** (Name, Adresse und Telefonnummer)
- **Mindesthaltbarkeit:** Die Angabe der Haltbarkeitsdauer liegt im Ermessen des Produzenten. Üblicherweise wird für Nektar eine Haltbarkeitsdauer von mehr als 18 Monaten gewählt; daher muss das Etikett die Bezeichnung „mindestens haltbar bis Ende ___ (Monat und Jahr)“ enthalten.
- **„Nach dem Öffnen kühl aufbewahren“**

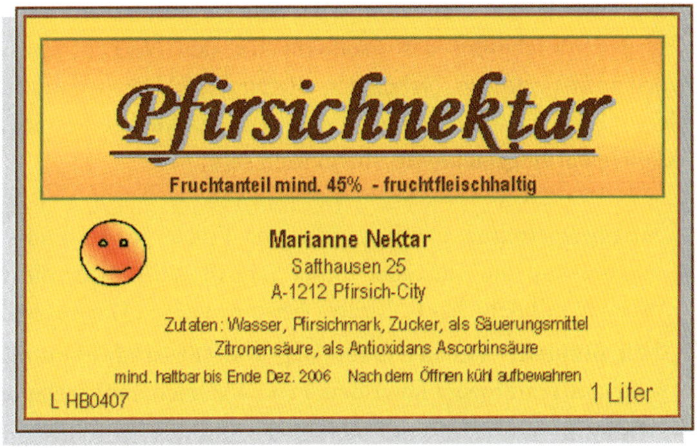

Etikett Pfirsichnektar

Bestimmungen für Sirup

Allgemeine Bestimmungen

Sirupe werden in Österreich gemäß Codexkapitel B6 aus Zucker („süßende Kohlenhydrate") und aromagebenden Bestandteilen erzeugt. Zum Säuern können Zitronensaft, Weinsäure, Zitronensäure, Apfelsäure oder Milchsäure herangezogen werden. Als Zucker („süßende Kohlenhydrate") dürfen Halbweißzucker, Dextrose, Glucosesirup, Flüssigzucker, Invertflüssigzucker, Fructose und Fruchtsüße, konzentrierter Traubenmost, karamellisierter Zucker, Honig oder ähnliche natürliche Kohlenhydrate verwendet werden.

Der Trockensubstanzgehalt aller Sirupe muss derzeit mindestens 55 Brix betragen (im Zweifelsfall empfiehlt es sich, eine Produktanalyse in einem dafür eingerichteten Labor vornehmen zu lassen).

Ein landwirtschaftlicher Betrieb darf folgende Sirupe, die sich von den aromagebenden Zusätzen her unterscheiden, erzeugen: Obstsirupe, Kräutersirupe und Sonstige Sirupe.

Obstsirupe extra werden aus Fruchtsaft oder Fruchtmark sowie Zucker hergestellt. Der Anteil an Fruchtsaft oder Fruchtmark muss mehr als 33 % betragen. Der entsprechende Anteil an Fruchtsaft oder Fruchtmark muss außerdem am Etikett im gleichen Sichtfeld wie die Sachbezeichnung deklariert werden.

Kräutersirupe werden aus Zucker und natürlichen Pflanzenextrakten hergestellt.

Sonstige Sirupe sind eine Mischung aus Zucker mit geschmackgebenden Bestandteilen wie Holunderblüten, Rosenblätter, Jasmin oder Ähnliches.

Kennzeichnung

Die Kennzeichnung der Produkte für den Verkauf muss entsprechend den geltenden Vorschriften erfolgen. Neben den allgemeinen Vorgaben muss auch die QUID-Regelung (siehe Seite 124 ff) beachtet werden. **Am Etikett einer Sirupflasche müssen folgende Kennzeichnungselemente vorhanden sein:**

- **Sachbezeichnung** unter Angabe der Frucht in Verbindung mit dem Wort „-sirup", bei Kräutersirup gilt entweder dieser Begriff selbst oder die aromagebende Substanz in Verbindung mit dem Wort „-sirup"; beispielsweise „Himbeersirup" oder „Holunderblütensirup".
- **Fruchtanteil:** Bei der Erzeugung von Obstsirup extra muss der entsprechende Anteil an Fruchtsaft in Prozent unter dem Produktnamen angegeben werden, „Fruchtsaftanteil 35 %".
- **Verdünnungsverhältnis:** Das für den Konsumenten notwendige Verdünnungsverhältnis von

Sirup muss am Etikett angegeben werden. Das Verdünnungsverhältnis ist nicht vorgeschrieben und wird in der Regel zwischen 1 : 4 und 1 : 8 liegen. Die Angabe am Etikett lautet z. B. „Verdünnungsverhältnis 1 : 6".

- **Zutaten** in absteigender Reihenfolge der verwendeten Mengen.
  Bei den Zutaten muss angegeben werden, wofür sie verwendet werden. So muss beispielsweise der Zusatz von Zitronensäure mit „als Säuerungsmittel Zitronensäure" oder der von Ascorbinsäure mit „als Antioxidans Ascorbinsäure" gekennzeichnet sein. Statt der Angabe des einzelnen Stoffes kann auch die jeweilige E-Nummer angegeben werden.

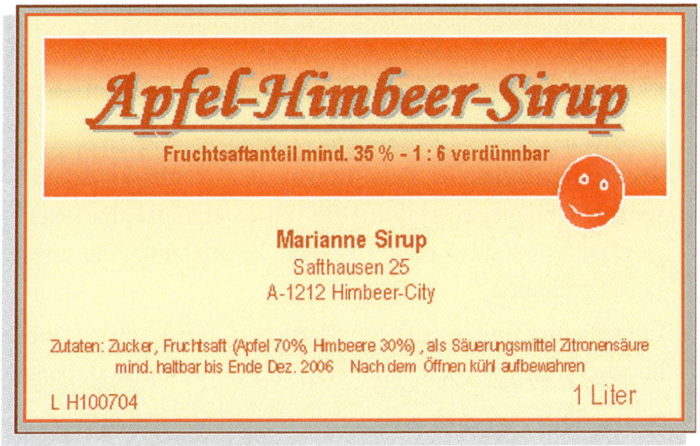

Beispiel für ein Himbeersirup-Etikett

- **Nettofüllmenge:** Hier gibt uns in Österreich die Fertigpackungsverordnung die erlaubten Flaschengrößen vor. Es sind dies Flaschen mit dem Nettofüllvolumen von:

0,125 – 0,2 – 0,25 – 0,33 – 0,5 – 0,75 – 1 – 1,25 – 2 Liter

- **Losnummer:** Wenn beim Mindesthaltbarkeitsdatum nur das Monat und Jahr oder nur das Jahr angegeben wird, muss am Produkt eine Chargennummer aufscheinen, durch die im Falle einer Beanstandung das Produkt rückverfolgbar ist. Diese Chargennummer kann frei gewählt werden, es empfiehlt sich aber hierbei eine Buchstaben-Zahlenkombination zu verwenden, die z. B. mit dem Abfülldatum in Verbindung steht. Außerdem muss der Chargennummer der Buchstabe „L" vorausgestellt sein, außer die Chargennummer unterscheidet sich deutlich von allen anderen Angaben auf der Flasche.
- **Hersteller** (Name, Adresse und Telefonnummer)

Holunderblütensirup-Etikett

- **Mindesthaltbarkeit:** Die Angabe der Haltbarkeitsdauer liegt im Ermessen des Produzenten. Üblicherweise wird für Sirup eine Haltbarkeitsdauer von mehr als 18 Monaten gewählt, daher muss das Etikett die Bezeichnung „mindestens haltbar bis Ende (Monat und Jahr)" enthalten.
- **Lagerbedingungen** oder erforderliche Lagerhinweise sind am Etikett anzubringen, wenn sie für die Haltbarkeit des Produkts von Bedeutung sind, beispielsweise „nach dem Öffnen kühl aufbewahren".

QUID-Regelung

Zusätzlich zu den anderen Bezeichnungsvorschriften ist bei speziellen Arten von Fruchtnektar oder Sirup die QUID-Regelung zu beachten. Diese Regelung zur mengenmäßigen Kennzeichnung der Zutaten wurde von der Europäische Union in der EG-Richtlinie 97/4 eingeführt und in die nationalen Bestimmungen aufgenommen. In Österreich finden sich diese Bestimmungen in der Lebensmittelkennzeichnungsverordnung. QUID ist dabei die Abkürzung von „Quantitative Ingredient Declaration" (Quantitative Inhaltsstoff Deklaration) und soll dem Schutz des Konsumenten dienen.

Es muss bei bestimmten charaktergebenden Zutaten die Angabe der bei der Herstellung verwendeten Menge einer Zutat/Zutatenklasse in Gewichtsprozent angegeben werden, wenn die betreffende Zutat/Zutatenklasse

- in der Sachbezeichnung genannt ist oder normalerweise vom Verbraucher mit dieser in Verbindung gebracht wird
  oder
- auf dem Etikett durch Worte, Bilder oder eine grafische Darstellung hervorgehoben ist
  oder
- von wesentlicher Bedeutung für die Charakterisierung einer Ware und ihre Unterscheidung von anderen Erzeugnissen ist, mit denen sie auf Grund ihrer Bezeichnung oder ihres Aussehens verwechselt werden kann.

In Bezug auf Fruchtnektar und Sirup richtet sich die Aufzählung der einzelnen Inhaltsstoffe nach der Anzahl der verarbeiteten Obstarten.

- **Produkte aus einer Obstart**
  Derartige Produkte bezeichnet man auch als Monoprodukte. Bei ihnen ist eine, über die bestehenden Rechtsvorschriften hinausgehende, mengenmäßige Kennzeichnung der Inhaltsstoffe nicht notwendig. Sowohl bei Nektar als auch bei Sirup ist die Angabe des Fruchtanteils verpflichtend. Das bedeutet, dass bei Nektar oder Sirup, der nur aus einer Obstart produziert wurde, keine mengenmäßige Angabe der Obstarten erfolgen muss.

- **Produkte aus zwei Obstarten**
  Bei derartigen Produkten findet die QUID-Regelung auf jeden Fall Anwendung. Es ist dies auch verständlich, da es für den Verbraucher von Interesse ist, ob beispielsweise der Fruchtsaftanteil eines Apfel-Himbeersirups aus 51 % Apfelsaft und 49 % Himbeersaft oder aus 98 % Apfelsaft und 2 % Himbeersaft besteht. Bei diesem Sirup ist in der Zutatenliste bei Fruchtsaft eine Angabe der prozentuellen Verteilung anzugeben, siehe Musteretikett.

- **Produkte aus drei oder mehr Obstarten**
  Bei den so genannten Mehrfruchtprodukten hängt die Notwendigkeit der mengenmäßigen Angabe wertbestimmender Zutaten von der Etikettengestaltung ab.
  Wenn alle Früchte in der Sachbezeichnung genannt und keine Früchte besonders hervorgehoben werden, dann ist keine QUID-Kennzeichnung erforderlich. In diesem Fall geht man

davon aus, dass die Gesamtkomposition für den Verbraucher ausschlaggebend ist. Werden allerdings in Wort oder Bild bestimmte Früchte hervorgehoben, ist für diese eine mengenmäßige Angabe erforderlich.

Die QUID-Kennzeichnungspflicht gilt nicht für eine Zutat oder Zutatenklasse, deren Menge auf Grund von anderen Rechtsvorschriften bereits auf dem Etikett angegeben werden muss. Sie kann außerdem unterbleiben, wenn die entsprechenden Hinweise gemäß der Süßungsmittelverordnung und/oder der Nährwertkennzeichnungsverordnung bereits erfolgt sind.

Berechnungen zur Rezepturerstellung

Auch wenn wir jedes Jahr die gleichen Früchte verarbeiten, so ergeben sich doch immer Unterschiede. Einmal sind die Früchte extrem süß, im nächsten Jahr vielleicht eher sauer. Die verbreiteten Standardrezepte können darauf keine Rücksicht nehmen.

Entscheidend für den Geschmack des fertigen Produkts sind:
- Fruchtgehalt
- Zuckergehalt
- Säuregehalt

Für die Harmonie im Geschmack sind Zucker- und Säuregehalt ausschlaggebend. Die Einheit, in der der Zuckergehalt angegeben wird, ist „BRIX", 1% Zucker = 1 Brix. Der Säuregehalt wird in ‰ angegeben, wobei 1 ‰ einem Säuregehalt von 1 g / l entspricht.

1 Brix = 1 % Zuckergehalt
1 ‰ = 1 g Säure je l

Möchte man jedes Jahr ein Produkt von annähernd gleichem Geschmack herstellen, benötigt man dafür ein Rezept, das die unterschiedlichen Gegebenheiten der einzelnen Jahre berücksichtigt.

Berechnung beim Nektar

Anhand des folgenden Beispiels lässt sich am besten ersehen, wie die Berechnung der Zusatzstoffe von Nektar vor sich geht.

Vom Gesetzgeber wurde für Nektar ein Mindestfruchtgehalt definiert. Dieser muss mit den in Verkehr gebrachten Produkten erreicht werden. Für die Eigenversorgung haben diese Werte keine Gültigkeit, man kann sich aber doch einigermaßen danach richten. Pfirsichnektar beispielsweise muss zu mindestens 50 % aus Früchten hergestellt werden, Ribiselnektar nur zu 25 % aus Ribiselsaft. Diese starke Verdünnung braucht man bei so sauren Früchten, um überhaupt ein harmonisches Getränk herstellen zu können. Wählt man tiefere Fruchtgehalte, vermindert sich der Fruchtgeschmack, höhere Anteile machen fruchtfleischhaltigen Nektar zu zähflüssig und blanke meistens unharmonisch süß oder sauer.

Die Mindestfruchtgehalte sollten ungefähr eingehalten werden.

Zuckergehalt

Zucker verleiht Nektar eine gewisse Fülle und unterstützt manche Aromen. Nach dem Wasserzusatz schmeckt der Saft eher fad und dünn. Erst nach dem Zusatz von Zucker entwickeln manche Früchte ihr ganzes Aroma. Ein Zuviel an Zucker macht Nektar aber wieder unharmonisch.

Im Normalfall bewegt sich der Zuckergehalt von Nektar zwischen 10 und 15 %. Wer ihn pur genießen möchte, wählt den niedrigeren, wer den Nektar gespritzt konsumiert, wählt den höheren Wert.

Säuregehalt

Durch Wasser und Zuckerzusatz verdünnen sich die natürlichen Fruchtsäuren. Ohne korrigierenden Zusatz einer Säure bliebe der Geschmack leer und fad. Erst der Zusatz einer Säure bringt wieder eine gewisse Frische in das Getränk. Bei von Natur aus sauren Früchten wie Weichseln oder Ribiseln ist kein Säurezusatz mehr nötig, aber Pfirsich oder Birne ohne Säurezusatz sind nicht wohlschmeckend. Angestrebt werden Säuregehalte von 4 bis 8 g / l, wieder der höhere Wert, wenn der Nektar verdünnt getrunken werden soll.

1. Schritt: Berechnung der Menge Endprodukt

Über den Fruchtgehalt lässt sich die Menge an Endprodukt bestimmen, die notwendig ist, um die Menge der Zusätze richtig zu errechnen.

Aus der Angabe und der Menge an Fruchtmark kann man die Menge an Endprodukt mit folgender Formel berechnen:

Menge an Endprodukt in l

$$\frac{\text{l Mark x 100}}{\text{Fruchtgehalt in \%}} = \text{Liter Endprodukt}$$

2. Schritt: Berechnung des Zuckerzusatzes

Um den Zuckerzusatz bestimmen zu können, benötigt man folgende Angaben:

- Zuckergehalt vom Fruchtmark in Brix
- gewünschten Zuckergehalt im Nektar in Brix
- Menge an Endprodukt
- Menge an Fruchtmark

Zuerst errechnet man die Menge an Zucker, die in der Gesamtmenge enthalten sein wird, und anschließend die Menge, die bereits im vorhandenen Mark enthalten ist. Die Differenz aus in der „Gesamtmenge Zucker“ und „zur Zeit vorhanden“ ergibt den Zuckerzusatz.

	Gesamtmenge in l / 100 x Brix gewünscht	=	kg
abzüglich	vorhandener Zuckergehalt (l Mark / 100 x Brix)	=	kg
	notwendiger Zuckerzusatz von		kg

3. Schritt: Berechnung des Säurezusatzes

Die Berechnung des Säurezusatzes erfolgt nach demselben Prinzip wie beim Zucker.

	Gesamtmenge in l x g / l Säure gewünscht	=	g
abzüglich	vorhandener Säuregehalt (l Mark x g / l)	=	g
	notwendiger Säurezusatz von		g

4. Schritt: Berechnung des Ascorbinsäurezusatzes

Die Ascorbinsäure wirkt bereits in sehr geringen Mengen bräunungshemmend. In der Regel werden einem Liter Fertigprodukt 250 mg (= 0,250 g) Ascorbinsäure zugesetzt.

Gesamtmenge in l x 0,250 = g

5. Schritt: Wasserzusatz

Zucker, Säure und Ascorbinsäure werden in einer kleinen Menge Wasser gelöst und zum Fruchtmark in den Mischbehälter gepumpt. Anschließend wird der Behälter bis zur errechneten Menge Fertigprodukt mit Wasser aufgefüllt.

Der Wasserzusatz könnte aber auch errechnet werden:

l Fertigprodukt – (kg Zucker + kg Zitronensäure) x 0,62 – l Mark = _Liter Wasser

Berechnungsbeispiel

Pfirsichnektar

Vorhanden sind 9 l Pfirsichmark mit einem Trockensubstanzgehalt von 10 Brix und einem Säuregehalt von 5 g / l.
Wie viel Wasser, Zucker und Zitronensäure muss man zusetzen, um im Endprodukt 15 Brix, 6 g / l Säure und 45 % Fruchtgehalt zu erreichen? 15 Brix sind recht hoch, der Nektar soll aber Desserts verfeinern und mit etwas Wasser verdünnt getrunken werden.

Endprodukt

$$\frac{\text{l Mark x 100}}{\text{Fruchtgehalt in \%}} = \frac{900}{45} = 20\ \text{l}$$

Aus diesen 9 l Fruchtmark entstehen 20 l Nektar mit einem Fruchtgehalt von 45 %.

Zuckerzusatz

	Gesamtmenge in l / 100 x Brix gewünscht	=	20 / 100 x 15 = 3 kg
abzüglich	vorhandener Zuckergehalt (l Mark / 100 x Brix)	=	9 / 100 x 10 = 0,9 kg
	notwendiger Zuckerzusatz von		2,10 kg

Damit die 20 l Nektar 15 % Zucker enthalten, ist der Zusatz von 2,1 kg notwendig.

Säurezusatz

Die Berechnung des Säurezusatzes erfolgt nach demselben Prinzip wie beim Zucker.

	Gesamtmenge in l x g / l Säure gewünscht	=	20 x 6	120 g
abzüglich	vorhandener Säuregehalt (l Mark x g / l)	=	9 x 5	45 g
	notwendiger Säurezusatz von			75 g

Damit die 20 l Nektar 6 g / l Säure enthalten, ist der Zusatz von 75 g Zitronensäure notwendig.

Ascorbinsäurezusatz

Wie unter Schritt 4 bereits angegeben, wirkt Ascorbinsäure bereits schon in sehr geringen Mengen bräunungshemmend. In der Regel werden einem Liter Fertigprodukt 250 mg (= 0,250 g) Ascorbinsäure zugesetzt.

Gesamtmenge in l x 0,250   20 x 0,250   =   5 g

Damit im Nektar 250 mg / l Ascorbinsäure enthalten sind, ist der Zusatz von 5 g Ascorbinsäure notwendig.

Wasserzusatz

Zucker, Säure und Ascorbinsäure werden in einer kleinen Menge Wasser gelöst und zum Fruchtmark in den Mischbehälter gegeben. Anschließend wird dieser bis zur errechneten Menge Fertigprodukt, in diesem Fall auf 20 l, mit Wasser aufgefüllt.

Der Wasserzusatz könnte aber auch errechnet werden:

l Fertigprodukt – (kg Zucker + kg Zitronensäure) x 0,625 – l Mark
20 – (2,1 + 0,075) x 0,625 – 9 = 9,65 l

Diesem Nektar müssten 9,65 l Wasser zugesetzt werden, um die gewünschten Werte zu erreichen.

Nach dem Zusatz von 2,10 kg Zucker, 75 g Zitronensäure, 5 g Ascorbinsäure und 9,65 l Wasser erhält man 20 l Pfirsichnektar mit 15 Brix, 6 g / l Säure und einem Fruchtgehalt von 45 % – ein harmonisches Getränk.

Berechnung beim Sirup

In Österreich hat Sirup rechtlich mehr als 55 % Gesamtzuckergehalt. Um einen bestimmten Wert beim Zucker zu erreichen, muss daher der Fruchtzucker mitberücksichtigt werden. Der Einfluss des natürlichen Zuckergehalts auf den im Endprodukt ist zwar nicht allzu groß, darf aber dennoch nicht vernachlässigt werden.

Gleiches gilt für den Säuregehalt in der Frucht. Um nach dem Verdünnen des Sirups ein harmonisches wohlschmeckendes Getränk im Glas zu haben, muss der Säuregehalt in einem bestimmten Verhältnis zum Zuckergehalt stehen.

1. Schritt: Berechnung des Zuckerzusatzes

Um den Zuckerzusatz bestimmen zu können, braucht man folgende Angaben:

- Zuckergehalt vom Fruchtsaft in Brix (entweder eine genaue Messung oder der Durchschnittswert aus einer Tabelle)
- Gewünschter Zuckergehalt im Sirup in Brix
- Menge an Fruchtsaft in kg (entspricht ziemlich genau der Menge in l)

Zur Berechnung der benötigten Zuckermenge verwendet man am besten eine Formel:

$$\frac{\text{kg Saft (oder Kräuterauszug) x (Brix gewünscht im Fertigprodukt – Brix vorhandener Zucker)}}{\text{(100 – Brix gewünscht im Fertigprodukt)}}$$

Bei Sirup aus Kräutern oder Blüten gibt es keinen natürlich vorkommenden Zucker. In der Formel fügt man für vorhandenen Zucker den Wert „0“ ein. Für die häufig angestrebten 60 % Trockensubstanz im Kräutersirup gibt es einen Trick: man multipliziert die Liter Wasser vom Ansatz mit 1,5 und erhält die benötigte Zuckermenge. Bei Fruchtsirup funktioniert das nicht, weil im Fruchtsaft auch Zucker enthalten ist, der in der Berechnung nicht ignoriert werden darf.

2. Schritt: Berechnung des Säurezusatzes

Wie bereits im Kapitel über den Säurezusatz zu Sirup angeführt streben wir im fertigen Produkt einen Säuregehalt zwischen 25 und 45 g je Liter an.

Zur Berechnung der benötigten Säuremenge brauchen wir folgende Werte:

- Menge an gezuckertem Saft oder Kräuterextrakt
- Säuregehalt vom Fruchtsaft in g / l
- Gewünschter Säuregehalt im Sirup in g / l

Den Säuregehalt der Frucht entnehmen wir am besten der Tabelle von Anhang 3, für Kräutersirup gilt wieder der Wert „0“. Als gewünschten Säuregehalt wählen wir mit 35 g / l einen Mittelwert.

Die Menge von Fruchtsaft oder Ansatz misst man am besten mit einem Maßbehältnis (Messbecher oder Eimer) oder berechnet sie aus der Menge Saft und dem zugesetzten Zucker.

Liter Fruchtsaft + kg Zucker x 0,625 = Liter gezuckerter Saft

Die benötige Säuremenge berechnet man am besten folgendermaßen:

Liter gezuckerter Ansatz x gewünschter Säuregehalt in g / l
(bei Fruchtsirup) abzüglich Liter Fruchtsaft x Säuregehalt in g / l
ergibt die fehlende Säuremenge in Gramm

Gesamtsäuremenge – vorhandene Säure = Zusatz

Berechnungsbeispiele

Beispiel 1: Himbeersirup

Nach dem Entsaften liegen 4 l Himbeersaft vor. Angestrebt ist ein Zuckergehalt von 60 % im fertigen Sirup, der Himbeersaft hat gemäß der Tabelle aus dem Anhang 8 Brix bzw. 8 % Zucker und als Durchschnittswert 17 ‰ (entspricht 17 g / l) Säure.

Zuckerzusatz

Mit obigen Werten ergibt das für den Zuckerzusatz folgende Rechnung:

$$\frac{4 \text{ x } (60 - 8)}{(100 - 60)} = 5{,}2 \text{ kg}$$

Für diese 4 l Saft benötigen wir 5,2 kg Zucker, um den angestrebten Wert zu erreichen.

Säurezusatz

Berechnung der Gesamtmenge:

Liter Fruchtsaft + kg Zucker x 0,65 = 4 + 5,2 x 0,625 = 7,25 l

Mit dem Zusatz von 5,2 kg Zucker steigt das Volumen von 4 auf 7,25 l an.

	Gesamtmenge in l x g / l Säure gewünscht	=	7,25 x 35	=	253,75 g
abzüglich	vorhandener Säuregehalt (l Himbeersaft x g / l)	=	9 x 5	=	45,00 g
	notwendiger Säurezusatz von				208,75 g

Für diesen Himbeersirup müssen rund 200 g Säure in Form von Zitronensäure zugesetzt werden.

Durch den Zusatz von 5,2 kg Zucker und von 200 g Zitronensäure zu 4 l Himbeersaft erhält man etwa 7,25 l Sirup mit 60 % Trockensubstanz und 35 g Säure je Liter. Nach dem Verdünnen im Verhältnis 1 : 5 sind das 10 % Zucker und 5,8 g Säure je Liter – ein harmonisches Getränk.

Beispiel 2: Holunderblütensirup

Ein Zusatz von Orangen- oder Zitronenschalen hat im normalen Ausmaß keinen nennenswerten Einfluss auf Zucker- oder Säuregehalt im fertigen Sirup. Sie brauchen in der Berechnung daher nicht berücksichtigt werden.

Zuckerzusatz

Beim Ansetzen der Blüten wurden 4 l Wasser aufgegossen, sie fließen als „Saftmenge" in die Berechnung ein. Zucker und Säure sind in den Blüten in keinen relevanten Mengen enthalten. Die Berechnung des Zuckerzusatzes erfolgt mit der Formel:

$$\frac{4 \text{ x } (60 - 0)}{(100 - 60)} = 6 \text{ kg}$$

Bei Kräutersirup funktioniert auch die einfachere Berechnung des Zuckergehalts mit dem Faktor 1,5.

kg oder l Aufgusswasser x 1,5 = 4 kg x 1,5 = 6 kg

Für diese 4 l müssen 6 kg Zucker zugesetzt werden, um die erforderlichen 60 % Trockensubstanz zu erreichen. Ob diese 6 kg auf einmal zugesetzt werden oder ein Teil schon beim Ansetzen und der Rest erst beim Erhitzen vor dem Füllen, hat auf die Berechnung der Zuckermenge keinen Einfluss.

Säurezusatz

Der geringe Säuregehalt aus den Blüten kann vernachlässigt werden. Die Berechnung des Säurezusatzes erfolgt ganz einfach aus der Menge des Ansatzes, nach dem Abseihen der Kräuter und dem Zusatz des Zuckers.

Mit dem Zusatz von 6 kg Zucker haben wir ein Volumen von:

Liter Wasser + kg Zucker x 0,65 = 4 + 6 x 0,625 = 7,75 l

Auch hier streben wir wieder einen Säuregehalt im Sirup von 35 g an.

Gesamtmenge in l x g / l Säure gewünscht = 7,75 x 35 271,25 g

Den 7,75 l Blütenansatz setzen wir 270 g Säure zu.

Nach dem Ansetzen der Holunderblüten mit 4 l Wasser und 6 kg Zucker vergrößerte sich das Volumen auf 7,75 l. Damit jeder Liter vom fertigen Sirup 35 g Säure enthält, ist der Zusatz von etwa 270 g Säure notwendig. Nach dem Verdünnen 1 : 5 erhält man ein Getränk mit etwa 10 % Zucker und 5,8 g Säure je Liter – wiederum ein harmonisches Getränk.

Durchschnittswerte wichtiger Verarbeitungsfrüchte

Die folgende Tabelle beinhaltet Durchschnittswerte von Früchten, die häufig zu Sirup oder Nektar verarbeitet werden. Diese Werte sind hilfreich bei der Berechnung der Zucker- und Säuregehalte, es sind allerdings nur Durchschnittswerte. Je nach Sorte, Witterung, Ertrag und vielen weiteren Faktoren können sich diese Werte nach oben oder unten verschieben.

Der Gehalt an Trockensubstanz bestimmt sich hauptsächlich aus dem Gehalt an Zucker, Säure, Gerb- und Mineralstoffen. Den Hauptanteil an der Trockensubstanz bilden die verschiedenen Arten von Zucker in der Frucht. Diese Durchschnittswerte sollen bei der Errechnung der Gesamttrockensubstanz helfen, wenn Sie keine Möglichkeit haben, diese selbst zu bestimmen.

Der Pektingehalt ist nicht in absoluten Zahlen angegeben, sondern in Klassen eingeteilt. Bei Obstarten mit dem Attribut „nieder“ besteht normalerweise keine Gefahr des Gelierens im Sirup. Im Nektar ist für den Geliervorgang zu wenig Zucker enthalten, das Problem mit dem Gelieren daher nicht existent. Bei Früchten mit hohem Pektingehalt empfiehlt sich unbedingt ein Zusatz von pektinspaltenden Enzymen, um unerwünschtes Gelieren zu verhindern. Bei Pfirsich und Marille erfolgt absichtlich keine Angabe dieses Werts, da sie nicht zu klaren Säften verarbeitet werden können und es bei der Herstellung von fruchtfleischhältigem Nektar mit diesen Obstarten keine Schwierigkeiten bezüglich des Gelierens gibt.

Frucht	Trocken-substanzgehalt	Gesamtzucker-gehalt (reduzie-rende Zucker)	Säuregehalt in g / kg	Pektingehalt
Birne	16	10	3–6	nieder
Quitte	17	8	6–12	hoch
Pfirsich	12	8,5	3–6	mittel
Marille	14	9	7–11	mittel
Kirsche	17	12	5–8	nieder
Weichsel	15	10	8–16	nieder
Zwetschke	16	12	6–10	mittel
Himbeere	11	6	14–20	mittel
Erdbeere	10	6	8–12	mittel
Ribisel schwarz	21	10	25–35	hoch
Ribisel rot	16	8	25–35	hoch
Brombeere	15	8	14–20	hoch
Stachelbeere	13	10	20–25	hoch
Holunder	20	7	8–10	nieder
Traube	20	15	6–12	hoch
Orange	15	7	10–20	mittel
Karotte	10	4,5	4,0–4,2	nieder

E-Nummern

Auf allen im Handel erhältlichen Sirup- oder Nektarflaschen ist zwingend ein Zutatenverzeichnis am Etikett anzubringen. In diesem sind alle verwendeten Zutaten und Zusatzstoffe angeführt und gibt uns Konsumenten Aufschluss über die Zusammensetzung. Damit fällt es uns leicht, auf den ersten Blick zu erkennen, ob Farb-, Konservierungs-, Aromastoffe oder andere Zutaten im jeweiligen Produkt enthalten sind, und wir können unsere Kaufentscheidung danach richten.

Aber nicht jeder weiß automatisch, was sich hinter den oft sehr kompliziert klingenden chemischen Namen oder E-Nummern verbirgt.

Die „E-Nummer"

In der Europäischen Union sind einige hundert Zusatzstoffe zugelassen. Um Verständigungsschwierigkeiten im vielsprachigen Europa zu verhindern, hat jeder Zusatzstoff eine eigene Nummer erhalten, der der Buchstabe „E" für „Europa" vorangestellt ist. In allen Mitgliedstaaten hat ein Zusatzstoff den gleichen Nummerncode, was die oft komplizierten chemischen Bezeichnungen vereinfacht.

Eine „E-Nummer" steht nicht automatisch für einen im Labor hergestellten Zusatzstoff, sondern durchaus auch für eine natürliche Substanz. „E 440" beispielsweise steht für Pektin, einem aus den Pressrückständen von Äpfeln gewonnenen Geliermittel.

Zusatzstoff-Klassen

Um die Einordnung für den Verbraucher zu erleichtern und eine bessere Kontrolle zu gewährleisten, werden die einzelnen Zusatzstoffe außerdem in unterschiedliche Klassen unterteilt.

Alle in der EU zugelassenen Zusatzstoffe sind einer oder mehreren Zusatzstoff-Klassen zugeordnet. Der Klassenname bezeichnet den technologischen Zweck eines Zusatzstoffes. Das bedeutet am Beispiel des schon erwähnten Pektins „Geliermittel E 440".

Je nachdem für welchen Zweck der Zusatzstoff im Lebensmittel verwendet wird, muss der jeweilige Klassenname angegeben werden. Ascorbinsäure wird als Mittel zum Verhindern von Bräunungen zugesetzt, am Etikett ist sie daher in der Zutatenliste als „Antioxidationsmittel Ascorbinsäure" oder „Antioxidationsmittel E 300" angeführt.

E-Nummern, komplizierte chemische Namen und unverständliche Zusatzstoff-Klassen verunsichern viele Verbraucher. Während die einen eine gesundheitliche Gefährdung durch Zusatzstoffe befürchten, stufen andere die meisten als unbedenklich ein. Auch die Meinungen der Fachleute weichen voneinander ab. Grundsätzlich gilt, dass vor der Zulassung eines Zusatzstoffes ein Nachweis seiner gesundheitlichen Unschädlichkeit erbracht werden muss.

Viele, vor allem die sehr naturnahen Substanzen, können ohne Mengenbegrenzung unter Beachtung „der guten Herstellungspraxis" eingesetzt werden. Alle übrigen zugelassenen Zusatzstoffe dürfen nur bis zu einer gewissen Höchstmenge verwendet werden. Diese wird nach umfangreichen Untersuchungen für jeden Zusatzstoff einzeln festgelegt. Innerhalb dieser Grenze gelten die Zusatzstoffe als gesundheitlich unbedenklich. Durch angeborene oder erworbene Unverträglichkeiten können manche Menschen bestimmte Nahrungsbestandteile in ihrem Stoffwechsel nicht umsetzen. Werden diese Stoffe dennoch aufgenommen, können sie zu Unverträglichkeitsreaktionen führen.

Wozu werden Zusatzstoffe verwendet?

Jene Stoffe, die Lebensmitteln zugesetzt werden, um die Eigenschaften dieser bewusst zu verändern, nennt man Zusatzstoffe. Im Selbstversorgerbereich sind es deutlich weniger als bei gekauften Getränken.

Die Gründe für die Verwendung von Zusatzstoffen sind unterschiedlich, bei den Getränken finden die Zusatzstoffe in folgenden Bereichen Anwendung:

- **Nährwert:** Zusatzstoffe können den Nährwert eines Lebensmittels verändern. Durch den Einsatz von Süßstoffen und gleichzeitiger Reduktion des Zuckergehalts verringert sich der Brennwert, „light"-Produkte entstehen. Für Diabetiker ist es notwendig, eine Zuckerform zu wählen, die im Stoffwechsel des menschlichen Körpers nicht umgesetzt wird. Häufig finden sich auch Nektare im Handel, deren Nährwert durch Zusatz von Vitaminen, Ballast- oder Mineralstoffen verändert wurde.
- **Genusswert:** Zusatzstoffe steigern oder erhalten den Genusswert eines Lebensmittels. Sie helfen mit, Farbe, Geruch, Geschmack oder Konsistenz eines Lebensmittels in gewünschter Weise zu erhalten oder zu verbessern. Als Beispiele sind hier Farbstoffe zu nennen, die die Farbe intensivieren. Zucker und Säuren harmonisieren den Geschmack. Häufig finden sich in industriellen Produkten auch Aromastoffe, die Geruch und Geschmack verändern.

- **Haltbarkeit:** Zusatzstoffe beeinflussen die Haltbarkeit eines Lebensmittels. Konservierungsstoffe verhindern unerwünschte chemische oder physikalische Veränderungen und schützen damit das Lebensmittel vor Verderb. Sorbinsäure bzw. Benzoesäure und deren Salze finden sich in vielen Lebensmitteln. Wer keine chemisch konservierten Lebensmittel konsumieren möchte, braucht daher nur die Liste der Zusatzstoffe am Etikett zu beachten.

Eine Veränderung des Nährwerts ist auch bei kleinen Herstellungsmengen durch die Verwendung von Süßstoffen leicht möglich. Vitamin- oder Mineralstoffzusätze sind in diesem Bereich nicht üblich. Bei der Verarbeitung für den Eigenbedarf werden auch kaum Farb- und Aromastoffe verwendet. Eher sind es raffinierte Fruchtmischungen oder eigenwillige Gewürze, die mithelfen, ein besonderes Produkt herzustellen. Konservierungsmittel werden mitunter auch unbeabsichtigt in Form von Einsiedehilfe zugesetzt. Hersteller, die eine chemische Konservierung umgehen wollen, finden auch ohne diese Substanzen Wege, ihre Produkte haltbar zu machen.

Für Sirup oder Nektar sind generell nur wenige Zusatzstoffe erlaubt und in Verwendung.

Zusatzstoff-Klasse	Name	E-Nummer	Eigenschaft
Antioxidations- mittel	Ascorbinsäure	E 300	Verhindert oder verlangsamt Bräunungsreaktionen
Konservierungs- mittel	Sorbinsäure Ihre Salze Benzoesäure Ihre Salze	E 200 E 202–E 203 E 210 E 211–E 213	Verhindern Mikro- organismenwachstum und verlängern damit die Haltbarkeit
Säuerungsmittel	Zitronensäure Milchsäure Apfelsäure	E 330 E 270 E 296	Harmonisieren den Geschmack, senken den pH-Wert und stabilisieren damit Farbe und Geschmack
Farbstoffe	Diverse	E 100–E180	Erbringen einen gewünschten Farbton
Süßungsmittel	Diverse Süßstoffe und Zuckeraus- tauschstoffe	E 950–E 967	Erbringen süßen Geschmack ohne Verwendung von Zucker
Aromastoffe		Keine E- Nummern	Intensiveren Geruch und Geschmack

Fachbegriffe

Antigeliermittel Anderer Begriff für pektinspaltende Enzyme, die das Gelieren im Sirup verhindern sollen.

Benzoesäure Natürlich in Früchten vorkommendes oder auf biotechnischem Wege hergestelltes Konservierungsmittel, kommt häufig in Einsiedehilfe vor.

Einsiedehilfe Chemisches Konservierungsmittel zur Haltbarkeitssicherstellung.

Enzym Biochemischer Katalysator; ohne Enzyme gäbe es keine Reaktionen und damit kein Leben.

Flotte Lotte Häufig im Haushalt verwendetes Gerät zum Passieren von Früchten.

Fruchtsaftkonzentrat Durch Wasserentzug eingedickter Saft; ist ähnlich zähflüssig wie Honig.

Fructose Anderer Begriff für „Fruchtzucker“.

Gärung Biochemischer Prozess, bei dem Hefen Zucker zu Alkohol und Kohlendioxid umwandeln.

Gelieren Die Fähigkeit einiger Stoffe, Wasser zu binden und mit Flüssigkeiten unter bestimmten Voraussetzungen ein Gel bilden zu können.

Gesamtzucker Die Summe der zugesetzten und der natürlichen Zucker, bei vielen Produkten wird er mit der „Gesamttrockensubstanz“ gleichgesetzt.

Glucose Anderer Begriff für „Traubenzucker“.

Holler Anderer Begriff für „Holunder“.

Homogenisator Gerät zur Feinstzerkleinerung von Fruchtfleischteilchen; wird bei der Nektarherstellung in Großbetrieben häufig eingesetzt.

Invertieren Darunter versteht man das Aufspalten der Saccharose in die beiden Einfachzucker Glucose und Fructose.

Kristallisieren Das Ausscheiden von kristallinem Zucker unter bestimmten Voraussetzungen (in sehr süßen Zubereitungen).

Marille Anderer Begriff für „Aprikose“.

Pasteurisation Haltbarmachen von Stoffen bei Temperaturen unter 100 °C.

Pektin Pflanzenschleim, der für das unerwünschte Gelieren von Sirup verantwortlich ist.

pH-Wert Chemisches Maß für den Säuregrad einer Substanz; Werte unter 7 bedeuten „sauer", Werte darüber „alkalisch" oder „basisch"; je weiter weg von 7 umso intensiver.

QUID-Deklaration „Quantitative Inhaltsstoff Deklaration" deklariert die mengenmäßigen Anteile einzelner Obstarten in fertigen Produkten.

Ribisel Anderer Begriff für „Johannisbeere".

Saccharose Anderer Begriff für einen Zweifachzucker; gebildet aus den beiden Einfachzuckern „Fructose" und „Glucose".

Sorbinsäure Natürlich in Früchten vorkommendes oder auf biotechnischem Wege hergestelltes Konservierungsmittel, das häufig Bestandteil der Einsiedehilfe ist.

Sterilisieren Haltbarmachen von Stoffen bei Temperaturen über 100 °C.

Trockensubstanz Anteil einer Substanz, der nach dem Verdampfen des Wassers noch übrig bleibt; bei Obst besteht sie vorwiegend aus Zucker, Säuren und anderen Stoffen; beeinflusst unter anderem die Haltbarkeit, wird daher auch oft mit Gesamtzucker gleichgesetzt.

Vakuumverdampfer Gerät, in dem unter Vakuumbedingungen Wasser verdampft wird; findet Verwendung beim Konzentrieren von Fruchtsäften.

Weichsel Anderer Begriff für „Sauerkirsche".

Zwetschke Anderer Begriff für „Zwetschge" oder „Pflaume".

Literaturverzeichnis

Beerensäfte, SVOT–Eigenverlag, Ottenbach

Fruchtsaftverordnung (Österreich), 83. Verordnung, BGBl vom 16. Februar 2004, Wien 2004

Handbook for the Fruit Based Products, CP Kelco–Eigenverlag, Lille Skensved 2001

Herbasweet–Herbarom, Herbstreith & Fox – Eigenverlag, Neuenbürg 1995

Lebensmittelkennzeichnungsverordnung, 72. Verordnung, BGBl vom 29. Jänner 1993, Wien 1993

Lebensmittelverordnung (Schweiz) vom 1. März 1995, über Fruchtsirup aus www.gesetze.ch

Richtlinie 95/2 EG Andere Lebensmittelzusatzstoffe als Farbstoffe und Süßungsmittel, Amtsblatt L 61 vom 18. 3. 1995, Brüssel 1995

Richtlinie 2001/112/ EG über Fruchtsäfte, Amtsblatt L 10/58 vom 20. 12. 2001, Brüssel 2002

Wiener Einkochbuch, Agrana Wien Eigenverlag, Wien

BALTES, W.: Lebensmittelchemie, Springer Verlag, Berlin 2000

BIESALSKI, H.K., GRIMM, P.: Taschenatlas der Ernährung, Georg Thieme Verlag, Stuttgart 1999

HERRMANN, K.: Inhaltsstoffe von Obst und Gemüse, Verlag Eugen Ulmer, Stuttgart 2001

INNERHOFER, G.: Marmeladen, Konfitüren und Gelees, Leopold Stocker Verlag, Graz 2002

OBERMAIR, M., SCHNEIDER, R.: Obst haltbar machen, Leopold Stocker Verlag, Graz 1998

STEINMETZ, K.: Persönliche Mitteilung 2003

WOGOWITSCH, C.: Selbstgemachtes, Österreichischer Agrarverlag, Wien 2001